A Revolução Peruana

FUNDAÇÃO EDITORA DA UNESP

Presidente do Conselho Curador
Mário Sérgio Vasconcelos

Diretor-Presidente
Jézio Hernani Bomfim Gutierre

Superintendente Administrativo e Financeiro
William de Souza Agostinho

Conselho Editorial Acadêmico
Danilo Rothberg
Luis Fernando Ayerbe
Marcelo Takeshi Yamashita
Maria Cristina Pereira Lima
Milton Terumitsu Sogabe
Newton La Scala Júnior
Pedro Angelo Pagni
Renata Junqueira de Souza
Sandra Aparecida Ferreira
Valéria dos Santos Guimarães

Editores-Adjuntos
Anderson Nobara
Leandro Rodrigues

José Luis Rénique

A Revolução Peruana

Coleção Revoluções do Século 20
Direção de Emília Viotti da Costa

Tradução
MAGDA LOPES

© 2009 Editora UNESP

Direitos de publicação reservados à:
Fundação Editora da UNESP (FEU)
Praça da Sé, 108
01001-900 – São Paulo – SP
Tel.: (0xx11) 3242-7171
Fax: (0xx11) 3242-7172
www.editoraunesp.com.br
atendimento.editora@unesp.br

CIP-Brasil. Catalogação na fonte
Sindicato Nacional dos Editores de Livros, RJ

R329r

Rénique, José Luis, 1952-

A revolução peruana / José Luis Rénique; tradução de Magda Lopes. — São Paulo: Editora UNESP, 2009.
172p. : il. — (Revoluções do Século 20)

Tradução de: La nación radical : Perú 1888-1992
Inclui bibliografia
ISBN 978-85-7139-951-8

1. Revoluções — Peru — Século XX. 2. Peru — Política e governo — Século XX. 3. Peru — História — Século XX. I. Título. II. Série.

09-3733. CDD: 985.063
CDU: 94(85)"1888/1992"

Editora afiliada:

Asociación de Editoriales Universitarias de América Latina y el Caribe

Associação Brasileira de Editoras Universitárias

Apresentação da coleção

O século XIX foi o século das revoluções liberais; o XX, o das revoluções socialistas. Que nos reservará o século XXI? Há quem diga que a era das revoluções está encerrada, que o mito da Revolução que governou a vida dos homens desde o século XVIII já não serve como guia no presente. Até mesmo entre pessoas de esquerda, que têm sido ao longo do tempo os defensores das ideias revolucionárias, ouve-se dizer que os movimentos sociais vieram substituir as revoluções. Diante do monopólio da violência pelos governos e do custo crescente dos armamentos bélicos, parece a muitos ser quase impossível repetir os feitos da era das barricadas.

Por toda parte, no entanto, de Seattle a Porto Alegre ou Mumbai, há sinais de que hoje, como no passado, há jovens que não estão dispostos a aceitar o mundo tal como se configura em nossos dias. Mas quaisquer que sejam as formas de lutas escolhidas, é preciso conhecer as experiências revolucionárias do passado. Como se tem dito e repetido, quem não aprende com os erros do passado está fadado a repeti-los. Existe, contudo, entre as gerações mais jovens, uma profunda ignorância desses acontecimentos tão fundamentais para a compreensão do passado e a construção do futuro. Foi com essa ideia em mente que a Editora UNESP decidiu publicar esta coleção. Esperamos que os livros venham a servir de leitura complementar aos estudantes da escola média, universitários e ao público em geral.

Os autores foram recrutados entre historiadores, cientistas sociais e jornalistas, norte-americanos e brasileiros, de posições políticas diversas, cobrindo um espectro que vai do centro até a esquerda. Essa variedade de posições foi conscientemente buscada. O que perdemos, talvez, em consistência, esperamos ganhar na diversidade de interpretações que convidam à reflexão e ao diálogo.

Para entender as revoluções no século XX, é preciso colocá-las no contexto dos movimentos revolucionários que se desencadearam a partir da segunda metade do século XVIII, resultando na destruição final do Antigo Sistema Colonial e do Antigo Regime. Apesar das profundas diferenças, as revoluções posteriores procuraram levar a cabo um projeto de democracia que se perdeu nas abstrações e contradições da Revolução de 1789 e se tornou o centro das lutas do povo a partir daí. De fato, o século XIX assistiu a uma sucessão de revoluções inspiradas na luta pela independência das colônias inglesas na América e na Revolução Francesa.

Em 4 de julho de 1776, as treze colônias que vieram inicialmente a constituir os Estados Unidos da América declaravam sua independência e justificavam a ruptura do Pacto Colonial. Em palavras candentes e profundamente subversivas para a época, afirmavam a igualdade dos homens e apregoavam como seus direitos inalienáveis: o direito à vida, à liberdade e à busca da felicidade. Afirmavam que o poder dos governantes, aos quais cabia a defesa daqueles direitos, derivava dos governados. Portanto, cabia a estes derrubar o governante quando ele deixasse de cumprir sua função de defensor dos direitos e resvalasse para o despotismo.

Esses conceitos revolucionários que ecoavam o Iluminismo foram retomados com maior vigor e amplitude treze anos mais tarde, em 1789, na França. Se a Declaração de Independência das colônias americanas ameaçava o sistema colonial, a Revolução Francesa viria pôr em questão todo o Antigo Regime, a ordem social que o amparava, os privilégios da aristocracia, o sistema de monopólios, o absolutismo real, o poder divino dos reis.

Não por acaso, a Declaração dos Direitos do Homem e do Cidadão, aprovada pela Assembleia Nacional da França, foi redigida pelo marquês de La Fayette, francês que participara das lutas pela independência das colônias americanas. Este contara com a colaboração de Thomas Jefferson, que se encontrava na França, na ocasião como enviado do governo americano. A Declaração afirmava a igualdade dos homens perante a lei. Definia como seus direitos inalienáveis a liberdade, a propriedade, a segurança e a resistência à opressão, sendo a preservação desses direitos o objetivo de toda associação política. Estabelecia que ninguém poderia ser privado de sua propriedade, exceto em casos de evidente necessidade pública legalmente comprovada, e desde que fosse prévia e justamente indenizado. Afirmava ainda a soberania da nação e a supremacia da lei. Esta era definida como expressão da vontade geral e deveria ser igual para todos. Garantia a liberdade de expressão, de ideias e de religião, ficando o indivíduo responsável pelos abusos dessa liberdade, de acordo com a lei. Estabelecia um imposto aplicável a todos, proporcionalmente aos meios de cada um. Conferia aos cidadãos o direito de, pessoalmente ou por intermédio de seus representantes, participar na elaboração dos orçamentos, ficando os agentes públicos obrigados a prestar contas de sua administração. Afirmava ainda a separação dos poderes.

Essas declarações, que definem bem a extensão e os limites do pensamento liberal, reverberaram em várias partes da Europa e da América, derrubando regimes monárquicos absolutistas, implantando sistemas liberal-democráticos de vários matizes, estabelecendo a igualdade de todos perante a lei, adotando a divisão dos poderes (legislativo, executivo e judiciário), forjando nacionalidades e contribuindo para a emancipação dos escravos e a independência das colônias latino-americanas.

O desenvolvimento da indústria e do comércio, a revolução nos meios de transportes, os progressos tecnológicos, o processo de urbanização, a formação de uma nova classe social – o proletariado – e a expansão imperialista dos países europeus na África e na Ásia geravam deslocamentos, conflitos sociais e guerras em várias partes do mundo. Por toda a parte os grupos excluídos defrontavam-se com novas oligarquias que não atendiam às suas necessidades e não respondiam aos seus anseios. Estes extravasavam em lutas visando a tornar mais efetiva a promessa democrática que a acumulação de riquezas e poder nas mãos de alguns, em detrimento da maioria, demonstrara ser cada vez mais fictícia.

A igualdade jurídica não encontrava correspondência na prática; a liberdade sem a igualdade transformava-se em mito; os governos representativos representavam apenas uma minoria, pois a maioria do povo não tinha representação de fato. Um após outro, os ideais presentes na Declaração dos Direitos do Homem foram revelando seu caráter ilusório. A resposta não se fez tardar.

Ideias socialistas, anarquistas, sindicalistas, comunistas, ou simplesmente reformistas apareceram como críticas ao mundo criado pelo capitalismo e pela liberal-democracia. As primeiras denúncias ao novo sistema surgiram contemporaneamente à Revolução Francesa. Nessa época, as críticas ficaram restritas a uns poucos revolucionários mais radicais, como Gracchus Babeuf. No decorrer da primeira metade do século XIX, condenações da ordem social e política criada a partir da Restauração dos Bourbon na França fizeram-se ouvir nas obras dos chamados socialistas utópicos, como Charles Fourier (1772-1837), o conde de Saint-Simon (1760-1825), Pierre Joseph Proudhon (1809-1865), o abade Lamennais (1782-1854), Étienne Cabet (1788-1856), Louis Blanc (1812-1882), entre outros. Na Inglaterra, Karl Marx (1818-1883) e seu companheiro Friedrich Engels (1820-1895) lançavam-se na crítica sistemática ao capitalismo e à democracia burguesa, e viam na luta de classes o motor da história e, no proletariado, a força capaz de promover a revolução social. Em 1848, vinha à luz o *Manifesto comunista*, conclamando os proletários do mundo a se unirem.

Em 1864, criava-se a Primeira Internacional dos Trabalhadores. Três anos mais tarde, Marx publicava o primeiro volume de *O capital*. Enquanto isso, sindicalistas, reformistas e cooperativistas de toda espécie, como Robert Owen, tentavam humanizar o capitalismo. Na França, o contingente de radicais aumentara bastante, e propostas radicais começaram a mobilizar um maior número de pessoas entre as populações urbanas. Os socialistas, derrotados em 1848, assumiram a liderança por um breve período na Comuna de Paris, em 1871, quando foram novamente vencidos. Apesar de suas derrotas e múltiplas divergências entre os militantes, o socialismo foi ganhando adeptos em várias partes do mundo. Em 1873, dissolvia-se a Primeira Internacional. Marx faleceu dez anos mais tarde, mas sua obra continuou a exercer poderosa influência. O segundo volume de *O capital* saiu em 1885, dois anos após sua morte, e o terceiro, em 1894. Uma nova Internacional foi fundada em 1889. O movimento em favor de uma mudança radical ganhava um número cada vez maior de participantes, em várias partes do mundo, culminando na Revolução Russa de 1917, que deu início a uma nova era.

No início do século XX, o ciclo das revoluções liberais parecia definitivamente encerrado. O processo revolucionário, agora sob inspiração de socialistas e comunistas, transcendia as fronteiras da Europa e da América para assumir caráter mais universal. Na África, na Ásia, na Europa e na América, o caminho seguido pela União Soviética alarmou alguns e serviu de inspiração a outros, provocando debates e confrontos internos e externos que marcaram a história do século XX, envolvendo a todos. A Revolução Chinesa, em 1949, e a Cubana, dez anos mais tarde, ampliaram o bloco socialista e forneceram novos modelos para revolucionários em várias partes do mundo.

Desde então, milhares de pessoas pereceram nos conflitos entre o mundo capitalista e o mundo socialista. Em ambos os lados, a historiografia foi profundamente afetada pelas paixões políticas suscitadas pela Guerra Fria e deturpada pela propaganda. Agora, com o fim da Guerra Fria, o desaparecimento da União Soviética e a participação da China em instituições até recentemente controladas pelos países capitalistas, talvez seja possível dar início a uma reavaliação mais serena desses acontecimentos.

Esperamos que a leitura dos livros desta coleção seja, para os leitores, o primeiro passo numa longa caminhada em busca de um futuro, em que liberdade e igualdade sejam compatíveis e a democracia seja a sua expressão.

Emília Viotti da Costa

A Juan F. Caycho Carrión (meu tio Juan).
Sempre em minha memória, apesar da distância.

Sumário

Lista de abreviaturas   *15*

Introdução   *17*

Primeira parte: do radicalismo à revolução

1. O pensador solitário e a sociedade enferma   *25*

2. Entre Ariel e González Prada   *33*

3. Da vanguarda à nação   *49*

Segunda parte: revolução na revolução

4. Trotskismo e campesinismo   *81*

5. A "Traição Aprista"   *89*

6. O "Gesto Heroico"   *99*

Terceira parte: da revolução militar à guerra senderista

7. Povo e Força Armada   *119*

8. A "Nova Esquerda": da vanguarda à esquerda nacional   *129*

9. O Sendeiro da guerra   *139*

Bibliografia   *167*

Lista de abreviaturas

AP	Ação Popular [Acción Popular]
APRA	Aliança Popular Revolucionária Americana [Alianza Popular Revolucionaria Americana]
API	Associação Pró-Indígena [Associación Pro-Indígena]
CCP	Confederação Campesina do Peru [Confederación Campesina del Peru]
CGTP	Confederação Geral de Trabalhadores do Peru [Confederación General de Trabajadores del Peru]
CVR	Comissão de Verdade e Reconciliação [Comisión de la Verdad y Reconciliación]
DC	Democracia Cristã [Democracia Cristiana]
ELN	Exército de Libertação Nacional [Ejército de Liberación Nacional]
FIR	Frente de Esquerda Revolucionária [Frente de Izquierda Revolucionária]
IU	Esquerda Unida [Izquierda Unida]
MIR	Movimento de Esquerda Revolucionária [Movimiento de Izquierda Revolucionaria]
MRTA	Movimento Revolucionário Túpac Amaru [Movimiento Revolucionario Túpac Amaru]
MSP	Movimento Social Progressista [Movimiento Social Progresista]
PAP	Partido Aprista Peruano
PCP	Partido Comunista do Peru [Partido Comunista del Peru]
PCP-U	Partido Comunista do Peru-Unidade [Partido Comunista del Perú-Unidad]
PCP-BR	Partido Comunista do Peru-Bandeira Vermelha [Partido Comunista del Perú-Bandera Roja]

PCP-PR	Partido Comunista do Peru-Pátria Vermelha [Partido Comunista del Perú-Patria Roja]
PCP-SL	Partido Comunista do Peru-Sendero Luminoso [Partido Comunista del Perú-Sendero Luminoso]
PSR	Partido Socialista Revolucionário [Partido Socialista Revolucionario]
PUM	Partido Unificado Mariateguista
Sinamos	Sistema Nacional de Apoio à Mobilização Social [Sistema Nacional de Apoyo a la Movilización Social]
VR	Vanguarda Revolucionária [Vanguarda Revolucionaria]
UNSCH	Universidad Nacional San Cristóbal de Huamanga
UPGP	Universidad Popular González Prada

Introdução

Junho de 2002. Na prisão de Yanamayo, nos arredores da cidade de Puno, em pleno planalto andino, Osmán Morote, alto dirigente do Partido Comunista Peruano/Sendero Luminoso, apresenta seu testemunho perante a Comissão da Verdade e Reconciliação (Comissión de la Verdad y Reconciliación) criada pelo governo peruano com o objetivo de esclarecer as causas do violento conflito que atingiu o Peru entre as décadas de 1980 e 1990. O que chamam de "violações dos direitos humanos" – declara Morote – foi consequência da "política genocida" aplicada com o objetivo de suprimir uma legítima rebelião popular armada; um movimento contra o Estado latifundiário burocrático sustentado, segundo ele, por "centúrias" de lutas rurais. Na postergação histórica da população do campo, continua ele, somente o PCP-SL havia se atrevido a lhe dar uma saída, assumindo o papel histórico de liderar uma "guerra camponesa" capaz de conseguir "a mais ampla e profunda derrocada do feudalismo".

Em perspectiva, o incidente aparece como a cena final de uma longa história cujo fio condutor é uma ideia profundamente arraigada entre os revolucionários peruanos: a de que a fundação de uma verdadeira nação no Peru passava por uma ruptura radical com o passado que somente uma revolução de base indígena seria capaz de realizar. A "república crioula", fundada em 1821, era esse "passado" a ser combatido, por se tratar, fundamentalmente, de um mero prolongamento do colonialismo espanhol. Deste, o Peru republicano havia herdado sua capital costeira, sua organização centralista, seu desprezo pela identidade cultural andina à qual pertenciam as grandes maiorias nacionais.

Sede de antigas civilizações nativas e centro do poder colonial espanhol, com um agudo problema de identidade, nasceu o Peru independente. Para fundar a nação, o *criollismo* teve de se impor não só à coroa hispânica, mas também a diversas expressões de "nacionalismo andino". Àquela vertente indígena – que teve na rebelião de Tupac Amaru sua expressão culminante – voltaria em busca de inspiração uma *intelligentzia* limenha profundamente decepcionada com uma ordem liberal incapaz, segundo eles, de construir uma nação. Decepção que, na derrota frente ao Chile na Guerra do Pacífico (1879-1883), se transformaria em impugnação da "pátria crioula"; no ponto inicial de uma tradição radical que aspirava tornar a fundar a república tendo como base esse "verdadeiro Peru" andino marginalizado no projeto nacional de 1821.

Separados da "raça indígena" realmente existente por profundos abismos geográficos e culturais, estabeleceram com esta uma relação basicamente ideológica; segundo Nicolas Shumway, assimilara-na como protagonista das "ficções orientadoras" que determinariam sua rota para a "verdadeira" nação. Impressionava-lhes sua amplidão e seu "passado glorioso". Imaginaram a vanguarda libertadora indo ao seu encontro através de uma longa marcha da cidade letrada rumo aos confins andinos, resgatando-a de seu "adormecimento histórico". Finalmente, os índios se converteriam em camponeses e a "grande transformação" inicial se converteria na "revolução", articulando assim a visão de uma nação radical que os "intelectuais" e o "povo" iriam construindo de baixo e de fora e que, finalmente, se insurgiria para substituir o "falso Peru" de caudilhos e oligarcas. Seria dentro desse marco – como um diálogo entre o radicalismo andino e as doutrinas revolucionárias universais – que a esquerda peruana contemporânea iria se desenvolvendo. Um processo delimitado por datas simbólicas: a do célebre "Discurso del Politeama" de Manuel González Prada (1888), em que se articula primeira vez a ideia de um "verdadeiro Peru" contraposto a uma república crioula costeira adventícia; e a da queda de Abimael Guzmán Reynoso (1992), o líder da facção maoísta Sendero Luminoso, que marcou o fim do que Gustavo Gorriti denominaria de "a maior insurreição na história do Peru". Um processo iniciado com um caráter de utopia e que terminaria em tom de tragédia.

O objetivo deste trabalho é reconstruir, em linhas gerais, essa história. Ou seja, elaborar uma narrativa que permita a apreciação das muitas maneiras em que a tradição radical decimonômica foi moldando o desenvolvimento de uma esquerda contemporânea caracterizada por algumas importantes peculiaridades: (a) a sua origem dividida representada por José Carlos Mariátegui e Victor Raul Haya de la Torre; (b) o surgimento de uma "revolução militar" no contexto de uma onda latino-americana de ditaduras revolucionárias, estabelecendo um modelo que teria imitadores; (c) a excepcional firmeza de uma forma extremista de maoísmo cuja culminação seria a "guerra popular" senderista. Com esse objetivo, proponho-me a examinar três grandes ciclos de atividade radical: em primeiro lugar, a fase de formulação do grande horizonte radical – representado pela obra de González Prada, Haya de la Torre e Mariátegui; em segundo lugar, a forja do campesinismo contemporâneo e sua correspondente tentativa de longa marcha armada representada pela geração do agrarista trotskista Hugo Blanco Galcós e do "aprista rebelde" Luis de la Puente Uceda; e, finalmente, o ciclo constituído por três projetos que aspiravam estabelecer no mundo rural andino as bases da sua própria versão de nação pós-oligárquica: a "revolução militar" do general Juan Velasco Alvarado, a "nova esquerda" pós-guerrilheira e a "guerra popular" senderista encabeçada por Abimael Guzmán Reynoso.

PRIMEIRA PARTE

DO RADICALISMO À REVOLUÇÃO

Várias crises confluíram nesse "ano terrível" de 1879, divisor de águas na história da ainda jovem república: (a) o esgotamento de um ciclo de prosperidade iniciado na década de 1840, baseado na exportação de guano; (b) o colapso de um projeto político burguês – baseado justamente na renda guaneira – encabeçado por Manuel Pardo, fundador do Partido Civil, assassinado em novembro de 1878; e (c) o início, meio ano após a morte de Pardo, da chamada Guerra do Pacífico, travada entre a aliança peruana-boliviana e as forças chilenas. No combate, o Peru entrou revestido da confiança que provinha de seus maiores recursos humanos e produtivos. Quatro anos e meio depois, era um país material e moralmente arruinado. Como esse velho e remoto subordinado colonial sulista, visivelmente menos dotado, havia conseguido ocupar o Peru depois de tomar a capital peruana? A resposta – que encontrou em Manuel González Prada seu mais importante articulador – assumiria a forma de um severo repúdio da "pátria *crioula*", dessa farsesca "república de mentiras" regida pelas corruptas elites peruanas. Todo um amontoamento republicano posto em discussão. A ideia de uma nação radical construída tendo por base o encontro da vanguarda instruída com o verdadeiro Peru através de uma longa marcha rumo aos confins andinos aparece formulada pela primeira vez na obra de González Prada, reconhecido pelas gerações seguintes como o "apóstolo do radicalismo". Entre o pós-guerra e a segunda década do século XX, o influxo do "gonzalezpradismo" se estende, em primeiro lugar, como uma verbalização da amargura suscitada pela derrota perante o Chile; em segundo lugar, como "ficção orientadora" da oposição antioligárquica; e, finalmente, como elemento essencial do arsenal retórico daqueles que, sob a influência do fascínio do outubro russo, tentariam pensar "cientificamente" no problema da revolução no Peru. Esta presente seção está dedicada ao exame da transição do radicalismo inicialmente perfilado por aquele autodenominado "pensador solitário" para as posições revolucionárias formuladas pela geração de Victor Raúl Haya de la Torre e José Carlos Mariátegui.

1. O pensador solitário e a sociedade enferma

Prada – como preferia que o chamassem – era um poeta recluso e solitário até que a guerra cruzou o seu caminho. Uma debacle que, em sua imaginação, apareceria como o momento propício para resgatar o projeto republicano das mãos daqueles que o haviam convertido em pouco menos que uma fachada para encobrir suas iniquidades. Ele encontrou no escritor francês Victor Hugo o modelo a seguir, sobre o qual escreveu em 1885: "destruiu para construir, sublevou o espírito novo contra o espírito velho e converteu em campo de batalha a república literária do século XIX". A própria "lepra" nacional, mais que as armas do inimigo, indicaria como a principal causa da debacle peruana. Imaginou uma grande eclosão purificadora, capaz de destruir aquela falsa tradição patriótica – "feroz e sanguinário mito" – em nome da qual milhares haviam perdido a vida. A vanguarda literária, o indígena insurreto e o operário armado seriam seus protagonistas. Sem partidos e sem agremiações, em um vasto e desarticulado país assolado pela guerra, do seio da "cidade letrada" Prada elaboraria o projeto de uma nação a ser construída de baixo, como resultado de um ato radical capaz de recentralizar uma ordem que havia perdido seu eixo séculos atrás sob a espada do conquistador. No abatido contexto do pós-guerra, a impugnação pradiana se inscreveria na própria medula de uma emergente consciência nacional

A vanguarda literária

Em oposição aos políticos "que nos cobriram de vergonha e desonra" e aos "bárbaros que feriram com a espada", declararia Prada, havia chegado a hora dos "homens cultos" que desejavam "civilizar com a pena". A tarefa requeria um novo tipo de criador literário, livre de estilos arcaicos, capaz de compreender que é na "fonte popular" que os idiomas se "revigoram", capaz também de interromper sua "viagem milenar por regiões de idealismo sem consistência" para voltar com a maior paixão "ao seio da realidade". A partir do Círculo Literário de Lima, que presidia desde 1889, tentaria formar um "partido radical" que, na "hora oportuna", deslocaria suas "guerrilhas" pelas "mais humildes províncias da república" como uma "cruzada contra o espírito decrépito do passado". O "verdadeiro Peru" era o destino final dessa *longa marcha*. Em contraposição àquele formado pelos "agrupamentos de crioulos e estrangeiros" que habitavam "a faixa de terra situada entre o Pacífico e os Andes", as "multidões de índios disseminadas no lado oriental da cordilheira" eram seus integrantes, único embasamento possível, segundo Prada, da nação a ser construída.

Para impulsionar essa mobilização, o "apóstolo" radical concebeu uma estratégia comunicativa de "propaganda e ataque" cujas principais linhas eram as seguintes: (a) a criação de uma nova língua "condensada, suculenta e alimentícia como extrato de carne, fecunda como a regadura na lavoura, com o estrondo e a valentia das ondas na praia"; uma "língua democrática que não se atemorize diante de nomes próprios nem de frases ásperas"; e onde se perceba "o golpe do martelo na bigorna, o ruído da locomotiva no trilho, a fulguração da luz no foco elétrico"; (b) que, em contraposição ao livro – solene e distante –, circulasse em um formato dinâmico: ensaios, folhas soltas, discursos para serem lidos em atos cívicos; (c) um estilo penetrante que – nas palavras de Eugenio Chang-Rodríguez – "servisse de veículo cômodo, veloz e eficiente para suas ideias". Em suma, como Victor Hugo, Prada aspirava remover a "cidade letrada". Por sua mão, apetrechado com o singular fogo retórico pradiano, o intelectual entrava na arena política nacional.

O indígena insurreto

Escritas antes da Guerra do Pacífico, suas *Baladas peruanas* revelam uma precoce sensibilidade "incaísta". Elas descrevem a Cajamarca de 1532 como um "lago vermelho" de sangue, rememorando o ato inicial da conquista hispânica. Também parecia adiantar a tese indigenista do "adormecimento" da raça quando escreveu:

> Passam anos, passam séculos,
> passam eras e eras,
> mas nunca mais do sonho
> despertarão os Gigantes.

Em 1888, o "verdadeiro Peru" apareceria, em Prada, como o similar desse mundo andino inicialmente avassalado em 1532 e mais tarde colonizado a partir da imposição da costeira Lima como capital do vice-reino. Era uma subordinação que a reconstrução do pós-guerra reatualizava, não só porque entregava vias férreas e recursos naturais ao capital estrangeiro, mas porque, nas palavras de Nelson Manrique, "descarregava no campesinato os custos da reconstrução do interior serrano". Assim, o que Prada via por trás do fulgor reconstrutor era uma "sociedade enferma", dominada por uma "crosta corrompida" que, desse "núcleo purulento" que era Lima – "grande foco das prostituições políticas e das farsas religiosas" –, oprimia o "verdadeiro Peru" através de uma rede de poderes locais articulados pela "tirania do juiz de paz, do governador e do cura, essa trindade embrutecedora do índio". Merecia se chamar "república democrática" um Estado em que "dois ou três milhões de indivíduos vivem fora da lei"? Por outro lado, como chegar a essa multidão "sadia e vigorosa" do "verdadeiro Peru" que "dormita" à espera da "boa lavoura e da boa semente"? Seu repúdio pela política denota sua falta de senso prático. Optará por ser "a voz que clama no deserto" quando vê sucumbir seu projeto partidário diante da inércia e do oportunismo de seus integrantes. Repudia, por fim, as "alianças depressivas" e os "contatos doentios", reafirmando-se na necessidade de impulsionar a "ação eficaz, enérgica e purificadora" que procede da "reforma social".

Enquanto uma próspera Lima se entregava à *belle époque*, o país andino remoía seu ressentimento, condenado a assistir ao espetáculo da modernização costeira de suas regiões oprimidas pelo "feudalismo" e pela "herança colonial". A crítica pradiana encontraria grande acolhida na imprensa regional emergente, constituindo-se em elemento catalisador da insurgência intelectual provinciana do início do século XX. Escritores como Abelardo Gamarra, Enrique López Albújar e Clorinda Matto de Turner iriam dando conteúdo à visão pradiana do "verdadeiro país" indígena e transandino. Em seus textos, os índios – sofridos, atropelados, virtuosos, ainda que por vezes bárbaros – apareciam como a invisível população majoritária de um país que, por não conseguir lhes brindar sua solidariedade, ficava desconectado do seu passado, carente de uma verdadeira identidade.

Não obstante, uma distância abismal o separava desse mundo rural. Salvo uma breve viagem a Cerro de Pasco, do país Prada só conhecia Lima e seus arredores. Por isso, para além do seu tom sentencioso, suas propostas primavam pela vacuidade. Subscreve, de início, a "solução pedagógica" do "problema do índio". Posteriormente, sustenta que nada poderia mudar "mais rápido nem mais radicalmente" a psicologia indígena do que a experiência da propriedade, a entrega da terra, ou seja, historicamente acumulada pelo latifúndio, para a qual existiam apenas duas alternativas: "ou o coração dos opressores se condói a ponto de reconhecer o direito dos oprimidos ou o ânimo dos oprimidos adquire a virilidade suficiente para punir os opressores". Sendo o primeiro impossível e dado que ninguém havia conquistado o índio em três ou quatro séculos de "conformidade e paciência", a rebeldia era a única opção: que, em vez de dilapidar seu dinheiro em festas e álcool, adquirisse fuzis e munições, pondo-os em uso para se defender do patrão que lhe arrebatava as lãs ou do soldado que o recrutava em nome do governo. Então, "orgulho e rebeldia", em vez de "humildade e resignação", eram o que devia lhe ser pregado. Todo alvo, afinal, não era senão "um Pizarro, um Valverde ou um Areche". Um herdeiro por fim daqueles que, no século XVI, haviam instaurado a injustiça e a opressão que continuavam aprisionando o Peru.

O operário armado

Decepcionado pela frustração de seus planos políticos, em 1890 Prada partiu para a Europa. Importantes mudanças haviam ocorrido em sua ausência. O general Andrés A. Cáceres – o homem forte da década do pós-guerra – havia sido deposto por uma revolução encabeçada por Nicolas de Piérola em 1895 – o caudilho civil que havia conduzido o país à derrota frente ao Chile – em aliança com os velhos políticos do Partido Civil, no que viria a ser início da denominada "República Aristocrática", período de apogeu da oligarquia agroexportadora. Nas plantações açucareiras e nos campos petrolíferos da costa norte, nos centros mineiros da serra central e na emergente indústria manufatureira limenha surgia uma classe operária que requeria uma organização diferente daquela herdada do antigo artesanato. Ela se encontraria nesse processo com o "apóstolo do radicalismo", que retornava do Velho Mundo convertido ao anarquismo.

Por ocasião da primeira celebração do dia internacional do trabalho no país, organizada pela Federação de Padeiros, Prada pronunciaria um discurso seminal. Proporia ali como pivô de sua projetada revolução regeneradora a aliança dos operários com os intelectuais: dos "pensadores solitários", afirmou, provinha "o sopro de rebeldia que hoje remove as multidões"; uma vez recebida a mensagem, "os oprimidos do fundo veem a justiça e se lançam a conquistá-la, sem se deter nos meios nem se atemorizar com os resultados". Continuaria o diálogo nos anos subsequentes. Toda greve – declarava o Primeiro de Maio de 1906 – "deve ser geral e armada". E diria em 1909 que os proletários vão compreendendo o verdadeiro sentido do Primeiro de Maio: "recordar aos bons lutadores que indicaram o caminho, reconhecer-se, estreitar as fileiras, mudar ideias e acelerar a chegada do grande dia vermelho". Vermelho – insistia ele – "porque não incorreremos na ingenuidade de imaginar que seja possível redimir a humanidade através de um acordo amigável entre os ricos e os pobres, entre o patrão e o operário, entre a corda do verdugo e o pescoço do enforcado". Ao contrário, na medida em que "toda a iniquidade se fundamenta na força", todo direito deveria ser reivindicado "com o pau, o ferro ou o chumbo". O resto era apenas "mera teoria".

Uma nova representatividade reclamava esse explosivo crescimento proletário que havia colocado em crise as velhas agremiações artesanais do tipo mutualista, amorfas, indolentes e incapazes de gerar companheiros, diria Prada, atentas sempre à "humilhante voz do administrador, do candidato, do patrão". Sua alternativa era um sistema organizativo que converteria a classe operária em um ator social autônomo: (a) caixas de resistência, capazes de sustentar as greves ao gerar auxílio pecuniário para seus participantes e o boicote aos capitalistas; (b) centros de ilustração social e bibliotecas populares, coadjuvantes na conquista dos "benefícios da civilização moderna e do livre intercâmbio de produtos e de serviços entre iguais para satisfazer as necessidades que hoje só desfrutam os caciques e os vampiros do trabalhador"; (c) agremiações "conectadas na reciprocidade mútua", formando federações, com vínculos estreitos e solidários, constituindo um "corpo laborioso" competente para conduzir à prática "as aspirações latentes e justas da nossa classe desvalida".

Esse não era um desafio menor. Tratava-se de organizar um proletariado frágil, geograficamente disperso e culturalmente diferenciado. Nasciam a cada dia, escreveu Prada em 1905, novos periódicos "onde com mais ou menos lógica podemos seguir as pegadas dos Kropotkins e dos Reclus". Ali estavam como testemunhas *Simiente Roja, Redención, El Oprimido, La Protesta, El Hambriento* e *Los Parias* na capital; *La Antorcha, El Zapatero* e *El Rebelde* em Trujillo; *Justicia* em Chiclayo e *El Ariete* em Arequipa. Através de suas páginas chegariam seus projetos para os núcleos radicais do interior. O tom era pedagógico e esperançoso; aspirava que os operários conseguissem compreender que, "se praticassem a solidariedade de classe", lhes bastariam "alguns poucos golpes de picareta e machado" para porem abaixo "a edificação de todos os abusos e de todas as iniquidades". A questão era se atreverem. Mais que um rebanho – dizia – "as multidões são gigantes acorrentados com teias de aranha".

Os efeitos da prédica libertária de Prada se fariam sentir na medida em que a reconstrução começasse a experimentar seus primeiros embates. Em 1908 terminou a expansão manufatureira, iniciando-se uma prolongada luta pela defesa salarial. Em 1912 começam a surgir os "clubes operários" da capital para definir uma eleição presidencial em favor do candidato populista Guillermo Billinghurst. Sua derrocada – pelas mãos do coronel Oscar R. Benavides – dois anos depois e os efeitos da Primeira Guerra Mundial na economia peruana se juntariam para aumentar a combatividade operária. As revoluções mexicana e russa acrescentam paixão, combatividade e algum sentido utópico. "A greve é rebelião", recordaria o jornal anarquista *La Protesta* em maio de 1917, um evento no qual, "como na guerra", vencia aquele que "maior dano" fosse capaz de inferir. Por isso deveria ser *geral,* para "combater por todos os lados o mundo capitalista até obrigá-lo a se render", e também *armada*, "para impedir a ingerência das autoridades em lutas onde elas não devem fazer outro papel senão o de testemunhas".

Nessas circunstâncias, em meados de 1918, faleceu em Lima o lendário "apóstolo do radicalismo". Pouco depois, um grupo de jovens dirigentes operários criou o "Centro de Estudos Manuel González Prada". Um deles – o ebanista Nicolas Gutarra – havia assistido naqueles dias uma assembleia da Federação dos Estudantes na qual Víctor Raúl Haya de la Torre, jovem provinciano recém-chegado à capital, apresentou seu projeto da "universidade popular". Ele o recordaria meses depois, quando os trabalhadores limenhos iniciavam a última etapa de uma longa luta pela jornada de trabalho de oito horas. Em busca de aliados, Gutarra procuraria Haya para solicitar, por seu intermédio, o apoio do grêmio estudantil. Às censuras de alguns de seus companheiros, Gutarra responderia indicando que, como eles próprios, os estudantes estavam à margem da política crioula, lutando por reformas sociais. Haya de la Torre, por sua vez, argumentaria perante seus colegas que, na luta iminente pela reforma universitária, os operários seriam um aliado fundamental. O vínculo ficou estabelecido, tornando-se aquela jornada a primeira paralisação geral na história do país. Haya de la Torre, nessa altura, acabava de conhecer o velho González Prada; iria reclamar, alguns anos depois, o lugar de seu legítimo sucessor.

Epílogo: a longa marcha

Situado no limiar de uma nova época, como em uma moldura vazia, Prada havia traçado o curso de uma transformação radical baseada no encontro – via uma *longa marcha* da *cidade letrada* rumo aos confins andinos do país – da vanguarda literária, dos indígenas insurretos e dos operários armados. Sob o efeito traumático da guerra, sua visão liberal havia transcendido para assumir um enfoque impugnador de todo o passado republicano. A nação se baseava na noção de um "verdadeiro Peru" para se construir depois do expurgo de tudo o que havia de colonial na "pátria crioula". Nesse processo de construção do novo Peru, ao contrário dos projetos nacionalistas europeus decimonômicos – como observa Karen Sanders –, Prada eliminava as decadentes elites tradicionais, substituindo-as nesse caso pelas vanguardas instruídas e trabalhistas. Entretanto, sua proposta apaixonada e voluntarista deixava importantes questões: como conciliar, por exemplo, as lutas indígenas e operárias com o padrão de uma ideologia europeia como o anarquismo? Como conciliar, além disso, sua visão de ocidental "civilizado" com sua aposta em uma grande rebelião indígena? Entretanto, não morreu com ele a força sedutora de suas ideias. Ao longo do século que se iniciava, novas gerações buscariam converter em práxis sua "longa marcha" virtual.

2. Entre Ariel e González Prada

Consciente das limitações da "República Aristocrática", a chamada *Generación del 900* [Geração de 1900] propôs-se a resgatar o modelo republicano dos civilistas de Manuel Pardo. Inspirados pelo *Ariel* de José Enrique Rodo, acreditavam em uma modernização presidida pelos valores tradicionais e no papel da *intelligentzia* para construir uma verdadeira identidade nacional baseada em uma afirmação da "alma nacional". Com seu prestígio, legitimaram a busca de uma "peruanidade" comum, criando também canais de comunicação com a intelectualidade regional emergente. Entretanto, tinham à frente um adversário formidável: o radicalismo de González Prada. Sob sua influência, o movimento intelectual provinciano faria sua própria leitura da proposta arielista. Terminariam também se apropriando e subvertendo o modelo do "intelectual-político arielista". Assim, seu debate com os ilustres "doutores arielistas" terminaria preludiando o desenvolvimento ideológico que Haya e Mariátegui liderariam na década seguinte. A crise da "República Aristocrática" e a ascensão de Augusto B. Leguía, no nível local, e a "crise do ocidente" suscitada pelo conflito mundial, no nível internacional, delineariam o imprescindível contexto desse processo.

A república arielista

Os arielistas aspiravam reformar os aspectos mais problemáticos do modelo civilista, particularmente o caciquismo parlamentar, a opressão do índio e o despotismo dos padrões. Situado no umbral de "um grande ressurgimento da nação em busca de um destino novo", Francisco García Calderón evocaria Manuel Pardo – "o mais reformador dos homens de elite, de oligarquia e de tradição, e o mais prudente dos reformadores" – como líder do "único ensaio de organização republicana" em um século XIX infestado de lutas caudilhistas. Os novos tempos exigiam ir mais além. Garantido o impulso externo que a expansão capitalista mundial proporcionava, o grande desafio era alcançar a "unidade política e moral" que uma república moderna requeria e que a ordem fundada em 1895 não era capaz de prover. Em relação a isso, os novecentistas podiam apreciar que a própria guerra com o Chile havia obrigado o Peru – como diria García Calderón – a tomar "consciência de si mesmo", reconhecendo também o aporte que González Prada havia feito a esse processo. Entretanto, deploravam o efeito nocivo que – como diria José de la Riva Agüero – seu radicalismo teria de ter para "as pobres inteligências dos incautos provincianos".

"Queremos Pátria!", diria Víctor Andrés Belaúnde em 1914, dramatizando o que os arielistas viam como a carência maior do processo de construção do país: a ausência de uma "alma nacional". O Peru, nesse sentido, diz Belaúnde, adoecia de uma enfermidade "principalmente psíquica", em virtude da qual a "colaboração coletiva" entre suas gentes era "quase nula", o que explicava a tendência nacional para a luta violenta. Belaúnde designava à universidade a missão de forjar a imprescindível identidade comum. Motivado por sua participação no Primeiro Congresso Latino-americano de Estudantes (Montevidéu, 1909), havia promovido a fundação de uma entidade estudantil – o Centro Universitário da Universidade de San Marcos de Lima – que se propôs promover a "extensão universitária" como parte de um esforço para vincular o corpo docente com a realidade nacional. Foi nesse ambiente que se produziu uma mesa redonda sobre educação indígena que teria uma expressão inesperada e duradoura: a fundação da Associação Pró-Indígena (Asociación Pro-Indígena – API). A história dessa entidade ilustra o espírito reformista da "república arielista" e as complicações que o esperavam mal atravessou os umbrais da *cidade letrada*.

A partir desse evento universitário, Pedro Zulen, estudante modesto de 19 anos, filho de migrantes chineses; Dora Mayer, escritora alemã que vivia no Peru desde 1903 e tinha o dobro da sua idade; e Joaquín Capelo, senador e pioneiro dos estudos sociológicos no Peru, assumiram a tarefa de criar um "sistema de vigilância" das transgressões aos direitos indígenas, através de uma rede nacional de delegados. Por esse meio, como dizia Mayer, esperavam conseguir a legitimidade suficiente para agir efetivamente sobre uma situação agrária em que "as terras das comunidades se transformam em fazendas e os verdadeiros proprietários do solo se convertem na indiada do amo usurpador".

A API chegaria a ter cerca de setenta delegados em meio milhar de localidades majoritariamente serranas, uma rede que permitiria estabelecer a vinculação mais efetiva que algum grupo urbano já teria conseguido alcançar com setores rurais no Peru. Um "protopartido político" – segundo Gerardo Leibner – cujo desafio fundamental era converter o índio em um sujeito "educado", capaz de defender seus direitos graças ao seu manejo do castelhano e à sua habilidade para "ler, escrever e contar"; um indivíduo com consciência de pátria, com virtudes cívicas e uma sólida ética trabalhista. Com José de la Riva Agüero à frente, o grupo arielista daria seu apoio à entidade. Sua opção era a via legal. Entretanto, a própria prática os levaria a transcender esses limites. Assim, no final de 1913, depois de experimentar a rejeição de três projetos de lei pró-indigena apresentados ao Congresso da República, a API lançou um manifesto em que informava a seus protegidos que "a causa de sua libertação e direitos de cidadania continua hoje igual ao que era na época da dominação espanhola; e que o amparo da Constituição e das leis da república concedido a todos os habitantes do país absolutamente não os abrange". O momento era crítico. Com o início da Primeira Guerra Mundial caíam os preços da lã. As zonas laneiras do sul andino se agitavam. No início de 1915, retornando de uma "viagem de estudo" por essa região, Zulen exaltou o papel dos delegados da API nessas províncias: seu deslocamento heroico, em galhardo combate contra as "tiranias locais", todos unidos em prol de um "santo objetivo" – criar "nacionalidade e pátria".

A história de um dos ativistas da API, o sargento-mor Teodomiro Gutiérrez Cuevas, ilustra o extremo final do projeto pró-indígena. Autoridade política em diversos pontos do país, destacou-se por seu papel como protetor dos índios no agitado departamento de Puno durante o governo populista de Guillermo Billinghurst (1912 a 1914). Depois de sua derrocada, Gutiérrez Cuevas concluiu que somente através da rebelião seria possível terminar com a opressão do índio. Autodenominando-se Rumi Maqui (Mão de Pedra), "Restaurador de indígenas do Estado de Tahuantinsuyo", e se valendo das conexões que havia formado durante seus anos como subprefeito dessa região, passou a organizar o ataque a uma das mais extensas fazendas da região. Ajudados por seus peões, os proprietários locais repeliram o rebelde, que seria finalmente capturado. Entretanto, ele fugiu sem que a partir de então ninguém soubesse mais do seu paradeiro, o que certamente veio a contribuir para sua mitificação. A API se veria enfrentando grandes problemas para desvirtuar qualquer especulação sobre uma possível "conivência" entre essa entidade e o ocasional líder agrista. Nessa época – oprimida por seus problemas econômicos e um rompimento pessoal entre Mayer e Zulen –, a API encontrava-se prestes a se dissolver. Chegaram então as últimas reverberações da república arielista. Em 1915, Riva Agüero fundou o Partido Nacional Democrático, que não chegaria a decolar. Os arielistas, segundo as palavras de Raúl Porras Barrenechea, terminariam sendo "o estado-maior de uma inteligência sem exército". Entretanto, deixariam uma marca significativa. Por imitação ou negação de sua obra surgiriam outras visões do país que, finalmente, confluiriam com a vertente radical fundada por Prada. O indigenismo cusquenho, por exemplo, receberia de intelectuais arielistas como Riva Agüero e Garcia Calderón seu impulso original.

O país dos incas

Um movimento estudantil (1907-1908) e duas providenciais visitas "intelectuais" impulsionaram em Cuzco o nascimento de uma corrente intelectual que dotaria o radicalismo pradiano de sua imprescindível dimensão indigenista: a ponte literária com o "verdadeiro Peru". Do primeiro resultou uma singular intervenção presidencial: a nomeação – por decisão do presidente Augusto B. Leguía – de um reitor norte-americano para a antiga Universidad de San Antonio Abad, que criaria as condições para o surgimento de um excepcional núcleo intelectual regional modernizante que, eventualmente, produziria uma reviravolta nativista. As visitas do renomado historiador limenho José de la Riva Agüero e do explorador norte-americano Hiram Bingham desempenhariam um papel importante nessa virada. Sua chegada teve o efeito de uma ruptura simbólica do isolamento de Cuzco.

Riva Agüero via a cidade que iria ser chamada de "coração e símbolo do Peru" como um "cadáver cujas extremidades começam a virar pó"; a região serrana em seu conjunto – "a coluna vertebral da nação" – perdia prestígio, envolta por uma "dilaceradora sensação de decadência" e com seus habitantes indígenas em um lamentável estado de "barbárie e inevitável degradação". A sorte do Peru é a do índio – sentenciaria o intelectual limenho –; "funde-se ou se redime com ele, mas não lhe é dado abandoná-lo sem suicidar-se". O desafio estava claramente declarado. Do mesmo modo, com sua "descoberta científica" de Machu Picchu, Bingham obrigaria os intelectuais cusquenhos a olhar para o seu passado de antiga capital andina. As denúncias do furto de um "grande tesouro" incaico estimularam sua sensibilidade, gerando um interesse histórico excepcional. Participante do movimento de 1907 e nomeado depois para a comissão que investigaria o "roubo" de Bingham, Luis E. Valcárcel recordaria a grande comoção que aquele achado arqueológico significaria para sua geração.

Tais incentivos ajudariam a impulsionar um espírito regionalista de cunho peculiar, que veria o progresso não ainda exclusivamente como uma questão de subordinação ao aumento das exportações concentrado na costa, mas, reivindicando a velha capitalidade cusquenha, delinearia a visão de uma modernização manejada a partir do centro da sociedade peruana.

Nessa perspectiva, a restauração da "sacralidade pré-hispânica" de Cuzco teria, segundo Yasmín López Lenci, um "fundamento identitário" indispensável. Aureolada de referências "incaístas" insurgia uma corrente "indigenista", com evidentes conexões com o "nacionalismo andino" do último período colonial; uma visão cujos principais objetivos seriam os seguintes: (a) que os traços essenciais da cultura andina fossem determinados pelas características "telúricas" singulares da paisagem andina, as quais explicavam sua continuidade histórica; (b) que essa continuidade telúrica se encarnasse na raça indígena que, no entanto, havia vivido – sob a dominação colonial e pós-colonial – um processo de degeneração; (c) que fosse possível reverter esse processo degenerativo, impulsionando um *ressurgimento* a partir de uma recuperação dos valores e da pureza da sociedade pré-hispânica; (d) que a intuição, mais que a investigação "objetiva", fosse o método idôneo para realizar essa recuperação; processo a ser realizado por uma vanguarda de intelectuais indianófilos chamados para se converterem em catalisadores do "despertar" indígena; e (e) que, irmanados pelo "telurismo", índios e intelectuais forjassem uma "identidade indígena autêntica" em torno da qual, com Cuzco à frente, o conjunto da região serrana emergiria como uma força coesa. Não foram os "índios humilhados", mas os "mestiços degenerados" – produto de uma história desencaminhada desde 1532, personificados no cacique, no mau empregado e em outros "exploradores do índio" – os responsáveis pela decadência serrana. Identificada como "indigenismo", essa corrente desempenharia o papel de ponte discursiva entre a vanguarda da capital e o "verdadeiro Peru" transcordilheirano.

De *literati* a socialista: o caso de Juan Croniquer

Sob o pseudônimo de XYZ, no início de 1916, apareceu no jornal *La Prensa* de Lima uma crônica curiosa que contava a história de um jovem "crédulo, humílimo e plácido" que assiste a uma conferência sobre o inca Garcilaso de la Vega proferida por um "sábio pensador e literato" e descobre, confuso, que um "acadêmico que proclama a inexorabilidade das regras gramaticais" podia cometer erros que nenhum "modesto cronista" seria capaz de cometer; que tamanha eminência também podia escrever parágrafos tão vazios, pobres, ordinários, vulgares, medíocres e insípidos que nem um "insignificante artigo comemorativo de jornal" ou um "discurso de representação provinciana ou escolar" poderiam apresentar. Brincalhão, conclui propondo uma "síntese aritmética" da decepcionante conferência: 3 horas + 46 páginas + 51 anos = 0 ideias = 1.000 erros. O "modesto cronista" era José Carlos Mariátegui e o "sábio pensador" não era outro senão José de la Riva Agüero. Inevitável o simbolismo: a disputa pela palavra entre um setor emergente de escritores de procedência majoritariamente provinciana e o *establishment* arielista constituído em ala reformista da elite oligárquica consolidada no poder desde a guerra civil de 1895. A história do jovem Mariátegui ilustra a trajetória daquela rebelião literária, antecedente direto da fase seguinte de formulação doutrinária.

José Carlos tinha 15 anos quando ingressou como trabalhador manual em um dos jornais mais importantes do país. Pobre, sem educação formal, deficiente físico desde pequeno, e marcado também pelas consequências de um passado familiar complicado – era filho "natural" de um homem de alta estirpe e de uma corajosa mulher de origem indígena –, encontraria na redação de *La Prensa* sua janela para o país e para o mundo. Sob o pseudônimo de Juan Croniquer, era conhecido até 1916 como um "cronista ameno e sem transcendência", autor de versos "finos e aristocráticos como que para damas". E que desprezava também a atividade política. Depois de cobrir por algumas semanas o Congresso da República, naquela época escreveu: "a mim a política não inspira, mas gosto dos políticos, o que é diferente"; porque em uma cidade tão maçante como Lima, nada melhor que observar o Parlamento, fonte inesgotável de "divertimento e alvoroço", maquinação, moldura e decoração da divertida "democracia mestiça" peruana. Entretanto, dois anos depois, havia se convertido – segundo suas próprias palavras – em um "jornalista da oposição", cujo objetivo era "queimar o organismo político do país", já tão corrompido que só algo assim poderia "purificá-lo". Entre esses dois momentos – início de 1916 e meados de 1918 – muita coisa havia mudado no mundo e, com isso, nas inquietações do jovem jornalista. Os serviços de cabo e telefonia permitiriam que a "grande guerra" e suas sequelas revolucionárias fossem vividas da redação de um jornal limenho com uma inédita proximidade.

Seu enterro simbólico de *Juan Croniquer,* em 1918, e a fundação de *La Razón,* em maio de 1919, seriam etapas essenciais de sua viagem rumo à política. Rompe, então, com os "diletantismos literários", comprometendo-se a difundir "as ideias e as doutrinas que comovem a consciência do mundo e que preparam a idade futura da humanidade", como uma contribuição para o "advento dessa era de democracia que nosso povo tanto anseia". Seu compromisso não ficou nas palavras. Sob sua liderança, a redação de *La Razón* se converteria em sede das coordenações operário-estudantis nos dias da paralisação pelas oito horas da qual Nicolas Gutarra seria o famoso líder. Daí se seguiria o fim da "república aristocrática" e o retorno vertiginoso de Augusto B. Leguía à presidência da república.

Em meio a uma aguda "dispersão das classes dirigentes", agravada por uma "profunda inquietação popular", relata Mariátegui, uma "oposição ativa", composta em sua maior parte por "vulgares e insignificantes agitadores", havia "conseguido atrair" para a candidatura de Leguía "a parte mais inquieta do povo". Em sua opinião, isso não podia ser senão "um desvio do sentimento popular". Sem esperar o fim da apuração eleitoral, em 4 de julho de 1919 Leguía tomava o poder *manu militari.* No dia seguinte, Mariátegui saúda o fim da era civilista, a derrocada de um regime representativo de um "círculo frágil e egoísta, totalmente negligente do interesse coletivo". Restava ver se – como declaravam seus partidários – o regime que entrava iria ser "efetivamente uma revolução". Se fosse assim, dizia-se, "teremos que nos felicitar de que tenha ocorrido". Caso contrário, "teremos de olhá-lo como um de tantos episódios vulgares e violentos da nossa vida republicana". Logo ficaria confirmada essa última alternativa. *La Razón*, consequentemente, endureceu sua crítica. No início de agosto, sob a pressão oficial, o país ficaria sem imprensa. Mariátegui dirigiu seu último editorial àqueles "ingênuos" que haviam pensado que do golpe de 4 de julho poderia sair "um regime de renovação efetiva". A pretensa "pátria nova" de Leguía era apenas a "ressurreição" de homens que deveriam estar "politicamente sepultados". Nesses dias chegaria até ele uma proposta do regime para que se convertesse em "agente de propaganda do Peru no exterior". Convencido de que, no momento, não havia possibilidade de oposição, decidiu aceitar. Era o início de uma campanha – sem precedentes no âmbito local – de intimidação e cooptação da intelectualidade. Em 8 de outubro de 1919 Mariátegui partia para o Velho Mundo.

Haya de la Torre e a boêmia trujillana

Através de sua amizade com o operário Nicolas Gutarra, o estudante Víctor Raúl Haya de la Torre terminou se juntando à mais importante ação coletiva na história do movimento operário peruano: a luta pela jornada de oito horas. Em sua memória dessa jornada, publicada 25 anos depois, afirmaria seu papel protagonista de porta-voz dos trabalhadores perante as autoridades trabalhistas. Na tarde de 15 de janeiro de 1919, depois de três dias de paralisação geral, anunciou aos trabalhadores a promulgação do decreto oficializando a jornada de oito horas. Pela primeira vez, recordaria Haya, "estava frente a frente com os velhos discípulos de González Prada".

Quem era Haya de la Torre? Como havia preparado sua trajetória anterior para converter esse encontro com a luta operária no primeiro degrau de uma das mais influentes trajetórias políticas de seu país? Trujillo (capital do departamento de La Libertad), sua cidade natal, estava situada no coração da região açucareira nortista. À sua volta as plantações foram aumentando desde o final do século anterior, varrendo praticamente as propriedades de porte médio. Uma delas, a Negociación Casagrande – de capital alemão –, aproveitando seu controle do porto de Salaverry, criou seu próprio empório comercial, desgastando assim o papel econômico da capital do departamento. Como deputado por Trujillo, seu pai havia trabalhado em defesa dos proprietários de porte médio de sua região; ele próprio havia tido que declarar falência em 1910. Estimulados – como diria um dirigente do setor de cana – por "profundos sentimentos de ódio e ressentimento" ocorreriam nas fazendas intensos conflitos trabalhistas que criariam um singular ambiente de rebeldia.

Sua prematura vocação política e sua precoce admiração pelos militantes anarquistas seriam enfatizadas pelos biógrafos hayistas. Não só de Lima, mas também do Chile e da Argentina haviam chegado à região numerosos ativistas que percorriam seus povoados, onde uma diversidade de grupos – descendentes de escravos africanos, indígenas da serra do norte e *coolies* asiáticos – convergia para formar um dos mais importantes núcleos da classe operária peruana. Julio Reynaga era um desses militantes; procedente do Callao, havia fundado o jornal *La Antorcha* e uma modesta biblioteca popular – vizinha da casa da família de Haya de la Torre –, da qual o olhar infantil de Víctor Raúl havia capturado sua imagem para torná-la parte de seu mito pessoal.

Por outro lado, a crescente hegemonia do capital estrangeiro havia aumentado o temor nacionalista da *intelligentzia* local. Havia em Trujillo, desde 1910, um Centro Universitário presidido por José Eulogio Garrido. Em 1913, Antenor Orrego – sua figura de maior destaque – esboçaria um programa de "extensão universitária" que prefigurava as "universidades populares" de 1920. Sob a denominação de "grupo Norte", esse núcleo se afirmou como a vanguarda intelectual da região. Anos depois, Orrego evocaria o processo de sua geração: os primórdios boêmios de noitadas e recitais improvisados entre os muros da cidadela de Chan-Chan, o grande centro pré-incaico situado nos arredores da cidade aonde aquele "grupo de moços" ia nas noites de lua cheia em busca de inspiração literária ou, simplesmente, para dar rédea solta a seus sonhos intelectuais. Como recordaria Orrego, era "como se quiséssemos descobrir entre suas ruínas fantasmagóricas toda a imensa responsabilidade da tarefa que nos aguardava". E logo depois, com a Primeira Guerra Mundial e a revolução de outubro, viria a súbita evaporação do "feitiço que a Europa exercia sobre nossos povoados" e a volta da América "sobre si mesma" em busca das marcas de sua própria originalidade. Nesse ambiente formou-se o jovem delegado estudantil que, vinculado à luta pela jornada de oito horas, faria sua primeira incursão no cenário político limenho. Tinha na época 23 anos, menos de dois vivendo na capital.

A presidência da Federação dos Estudantes seria seu próximo passo. Lideraria dessa posição o processo de Reforma Universitária, conseguindo particularmente a aprovação do seu projeto de "universidade popular" em um congresso realizado em 1920 na cidade de Cuzco. Em 1921 começava a funcionar a nova entidade, que, um ano mais tarde, adquiriria sua denominação formal: Universidad Popular González Prada. Assim, paradoxalmente, um antigo projeto arielista terminava se tornando realidade sob a invocação do "apóstolo do radicalismo", substituindo, portanto, sua original postura benevolente e moralizante por uma combativa e militante. Assim ficou expressado no discurso pronunciado pelo jovem reitor, o trujillano Haya de la Torre, em sua inauguração:

> Os trabalhadores vêm aqui para aprender, e nós professores também. E para nos testar, para calibrar nossa vontade, nossa tenacidade, nossa fé em ideais superiores. [...] Aqui vamos todos nos educar. Aqui vamos despertar em nós esse "herói adormecido" que um pensador já disse que todo homem carrega dentro de si [...] Esse trabalho requer uma vontade firme, uma obstinação indestrutível, uma modéstia genuína, um entusiasmo profundo e uma paciência inteligente e serena; todas aptidões heroicas.

Depois de sua fundação em Lima, seis novos centros foram abertos ao longo do ano seguinte em diversos pontos do país. Em fevereiro de 1922, coube-lhe Vitarte, um povoado fabril nos arredores da capital, de onde havia saído a liderança da luta em prol das oito horas diárias de trabalho. Ali, a aproximação de Haya com a vanguarda operária atingiria seu ponto culminante. Dão mostra disso os testemunhos de um líder estudantil hiperativo, obcecado pela organização e pela disciplina, que, além de coordenar cursos e assumir ele próprio sua própria carga letiva, estimulava as práticas esportivas, as noitadas culturais e as excursões pelo campo, assim como campanhas antialcoólicas e de higiene. Prevalecia – recordou o operário Julio Portocarrero – "um ambiente de verdadeira aproximação entre os professores e os operários". Estava distante a suspeita "política" – tão energicamente recusada pela tradição anarco-sindicalista de grande influência no meio operário – daquela primitiva confraternidade do início da década de 1920. Mais que um líder político, o jovem reitor da UPGP aparecia como um verdadeiro irmão mais velho. Era um espaço privilegiado para se fazer política "popular" num momento em que, de um lado, após sua vitória de janeiro de 1919, o movimento operário entrava em uma fase de declínio e, de outro, o leguiísmo impunha seu estilo cooptador e repressivo que logo converteria em desterrados boa parte do corpo docente da universidade popular, e vários de seus ocasionais alunos.

O passo seguinte seria elaborar um discurso que desse conteúdo e identidade ao processo em andamento. Diversas fontes confluíram na configuração daquilo que, em perspectiva, viria a ser o prelúdio do aprismo: (a) do "gonzalezpradismo" provinha o etos impugnador e a identificação, segundo a revista da UPGP, com "as rebeldias da grande massa do autêntico proletariado em luta"; (b) a ideia de uma "elite intelectual" na liderança da luta em prol da "regeneração social" cunhada por intelectuais antibélicos como Henri Barbusse e Romain Rolland e sua revista *Clarté* [Clareza], cujo nome Haya utilizaria para o órgão de difusão da UPGP; (c) o modelo do "intelectual do campo" – proposto por seu amigo, o educador protestante John A. McKay –, orientado para ser um "homem de caráter" mais que um "homem de talento", que quando fala ou escreve "não o faz para deleitar, mas para convencer", e cuja vontade "não expirará com o sopro oratório, e seus escritos serão imorredouros, pois a pena terá sido molhada na tinta vermelha de seu sangue"; (d) o neoarielismo surgido da prédica de José Ingenieros, Manuel Ugarte, José Vasconcelos e Alfredo Palacios, com sua ênfase anti-ianque e latino-americanista; (e) o estilo e a visão do populismo precoce representado por José Battle y Ordoñez (Uruguai), Hipólito Irigoyen (Argentina) e Jorge Alessandri (Chile), aos quais Haya de la Torre teria a oportunidade de conhecer em sua viagem ao cone sul no ano de 1922; (f) o discurso de reivindicação serranista ou "nacionalismo andino" assimilado por Haya durante sua permanência de vários meses na cidade de Cuzco em 1918, experiência que, segundo ele, o havia curado para sempre de sua "frivolidade crioula" de homem costeiro. Dessa perspectiva, o que havia sido acumulado a partir de seu encontro providencial com Nicolas Gutarra assumia a forma de uma *frente de trabalhadores manuais e intelectuais* que, emergindo da sociedade, propunha-se a realizar uma difusa "revolução dos espíritos".

Esse protopartido político de operários e estudantes que a UPGP representava estaria em condições de se confrontar com o poderoso Leguía? A realidade era que, dado o crescente autocratismo do regime, o projeto hayista tinha seus dias contados. Nessa situação, para Haya o desafio era antes vender cara a sua derrota do que pretender uma vitória que parecia muito longe do seu alcance. A consagração de Lima ao Coração de Jesus – cerimônia que simbolizava a reconciliação da "pátria nova" com os setores conservadores com os quais inicialmente havia entrado em choque – oferecia a oportunidade de uma real contenda simbólica.

Para fechar sua entrada naquela cerimônia ultramontana, Haya convocou a "frente de trabalhadores manuais e intelectuais" articulada em torno da UPGP. Em 23 de março de 1923, a mobilização antiultramontana não só repetiu a combatividade já exibida nas paralisações de janeiro e maio de 1919, respectivamente em prol das oito horas de trabalho e da baixa do preço dos alimentos, mas deixou dois mártires: um operário e um estudante. Havia sido nada menos que um "batismo de fogo".

No dia seguinte, como se isso fosse pouco, a massa arrebatou da polícia os corpos de seus mortos e os conduziu, desafiante, até o cemitério de Lima. O mito hayista do "eterno perseguido", do heroico aliado dos trabalhadores, nasceu naqueles meses entre sua estreia como líder de massas e sua deportação no início de outubro.

Quando circulou a notícia de sua prisão, a Federação Operária Local convocou uma paralisação exigindo sua libertação, o que resultou em um novo contingente de feridos e presos. Nesse meio tempo, Víctor Raúl, declarou-se em guerra de fome em sua cela na ilha de San Lorenzo. Um dos principais contribuintes para o mito hayista de sua saída forçada do país relataria da seguinte maneira aquele 9 de outubro de 1923:

> O conduziram, pálido, quase sem forças, a bordo do vapor "Negada", rumo ao Panamá. Mal podia subir a escada, tal era a sua fraqueza. Vestido de preto, exangue, sobressaíam em seu rosto os olhos tristes, o nariz aquilino e o queixo voluntarioso. Toda uma juventude ali, agitada ao vento, e a dor e a incerteza mordendo-lhe a alma.

Em meio à intimidação prevalecente, ficava clara sua firmeza diante do poder repressivo e corruptor da autocracia leguiísta. Com "quase toda a minha família no leguiísmo", recordaria anos depois, "me bastava haver pedido para obter o que houvesse desejado". Sua mensagem final revelava outro traço fundamental do mito hayista: sua capacidade visionária. "Retornarei no meu tempo", afirmaria ele, "quando chegar a hora da grande transformação". Em perspectiva, dadas as suas grandes pretensões políticas, nessas circunstâncias não havia uma opção melhor: uma deportação heroica apresentada como a culminação de uma força popular emergente, a "frente de trabalhadores manuais e intelectuais", que proveria as bases do futuro movimento aprista. Para além dos resultados imediatos, Haya de la Torre havia conseguido criar um novo protagonista político, que, diante da perspectiva de sua iminente neutralização, requeria deixar a certeza de sua vontade de existir.

Epílogo: a captura da palavra

"É o sonho de Rodó em carne e osso, é Ariel", diria sobre Haya de la Torre, depois de escutá-lo em Havana algumas semanas depois do início de seu exílio, José Antonio Mella, reitor da Universidad Popular José Martí e futuro fundador do comunismo cubano. E talvez não lhe faltasse razão. Se Leguía e sua "pátria nova" haviam sido a resposta para o *Queremos Pátria!* de Víctor Andrés Belaúnde, Haya aparecia como a concretização desse modelo de líder que o arielismo quis forjar. Com Mariátegui e outros, eram parte de uma geração que lhes havia arrebatado a palavra e, com isso, a possibilidade de influir nesses novos setores sociais surgidos da reconstrução do pós-guerra que deviam ser o suporte da nação moderna. Entre 1916 e 1918, ambos haviam visitado González Prada; foram breves conversas entre um velho radical retirado – que havia se expressado com grande entusiasmo sobre a "nova geração" – e jovens aspirantes a escritores ou políticos. Ambos deixaram testemunho do impacto que esse encontro lhes causou. Havia sido o suficiente para se sentirem seus herdeiros. Cavalgando sobre os dois legados – o arielismo e o gonzelezpradismo –, haviam ingressado na era da política de massas que acabava de se iniciar. A Europa lhes daria o refinamento ideológico. Como ambos reconheceriam, o périplo para o Velho Mundo terminaria sendo uma forma de se aproximar da essência deles próprios e do país do qual partiam.

Os arielistas radicais haviam, certamente, capturado a palavra. A que país se dirigiam? Entre o início do autoexílio do velho Prada e a aparatosa partida de seu pupilo trujillano, o Peru experimentou uma importante transformação que reclamava novas lideranças. O censo de 1876 revela a imagem de um país ainda colonial: com cerca de 58% de seus habitantes definidos como índios – percentagem similar àquela apresentada pelo último censo colonial de 1791 –, em que somente 15% da população vivia em centros urbanos e em que as 4.400 fazendas registradas abrigavam um quarto da população rural. A população de Lima permaneceu virtualmente estacionária entre 1876 (100 mil habitantes) e 1891 (104 mil habitantes), representando não mais que 4% da população nacional. Nessa época, ao compasso do apogeu da exportação agrária, começou a se sentir um maior dinamismo, chegando a 224 mil habitantes em 1920. Mesmo assim, como menos de 8% da sua população residindo nas cinco concentrações urbanas com mais de 10 mil habitantes, o Peru era o menos urbanizado dos países da América Latina de que se dispõe de informação. Nesse contexto de lento crescimento demográfico (com uma taxa anual de 1% entre 1876 e 1910, em que passou de 2,7 para 4,2 milhões de habitantes), próprio das sociedades agrárias atrasadas, foram se compondo os núcleos operários açucareiros (30 mil), algodoeiros (30 mil), mineiros (20 mil), petroleiros (10 mil), caucheiros e laneiros (30 mil, somando os dois). Enclaves de trabalhismo "moderno" – que no conjunto representavam entre 5 e 8% do conjunto da força de trabalho – incrustados em um mar de massas indiferenciadas disseminadas por um imenso e acidentado território. Uma realidade social fragmentada e dispersa que desafiava a imaginação da emergente *intelligentzia* esquerdista.

3. Da vanguarda à nação

A geração de Haya e Mariátegui receberia do radicalismo "gonzalezpradista" o encargo de transformar em ação aquela *longa marcha* virtual concebida como o ato de fundação da nação moderna. As erupções operárias e camponesas que acompanharam o início do regime da "pátria nova" anunciavam as forças a serem mobilizadas. A autocracia leguiísta, no entanto, era um adversário respeitável. Na década de 1920, os futuros fundadores do aprismo e do socialismo se dedicariam a construir a vanguarda capaz de empreender essa tarefa. A experiência europeia lhes proporcionaria os elementos para darem bases "científicas" ao lirismo radical de seus antecessores. O desafio que tinham pela frente era projetar um caminho revolucionário vinculado às correntes internacionais que definiam o destino do mundo contemporâneo, enraizadas, por sua vez, nas condições particulares do Peru. A crescente "massificação" da sociedade peruana alentava suas esperanças: ao compasso da expansão da exportação agrícola, a estrutura demográfica de cunho colonial ia ficando para trás; juntamente com a expansão dos enclaves operários aumentava a população de Lima, que passou dos 173 mil habitantes em 1908 para 224 mil em 1920, um aumento de 30% em pouco mais de duas décadas. É importante assinalar também que, nesse mesmo período, a porcentagem da população limenha nascida fora da capital passou de 58 para 63%, e que o segmento combinado de "artesãos" e "operários" também aumentava, tanto em números relativos como números absolutos: de 24 mil (17%) para 44 mil (20%) em 1920. Somente no porto vizinho de Callao – de fundamental importância para o setor de exportações –, o número de trabalhadores duplicou: de

4 mil para 8.400 entre 1908 e 1920. Nesse quadro finalmente ganhavam vigor as camadas médias, de onde viriam os "trabalhadores intelectuais" que configurariam o "estado-maior" revolucionário ao qual tanto Haya como Mariátegui designavam um papel central na construção do veículo político requerido para empreender a ansiada *longa marcha* para o "verdadeiro Peru". Em ambos, a população indígena aparecia como a grande alavanca que abriria as portas da revolução. Entretanto, diversos fatores enfraqueceriam a unidade inicial. Com isso, o projeto da *nação radical* experimentaria sua primeira grande divisão.

MARIÁTEGUI: O CAMINHO DO AMAUTA

Em meados de junho de 1923, Haya de la Torre apresentou José Carlos Mariátegui – recém-chegado da Europa – à audiência da UPGP. Nas 18 conferências que ali faria entre junho de 1923 e janeiro de 1924, ele apresentou sua visão de uma cena mundial polarizada onde as teses social-democráticas ou evolucionistas perdiam sentido, e na qual entidades como as universidades populares não podiam continuar sendo "institutos de extensão universitária agnóstica e incolor". Ao contrário, deveriam ser "escolas de classe" nas quais – com a cooperação da "nova intelectualidade" – seriam criados "os instrumentos morais e ideológicos da civilização proletária". De que maneira, com seu proletariado incipiente e disperso, o Peru poderia se somar a essa experiência universal que era a revolução do proletariado?

Como declarou Oscar Terán, em 1924 o projeto mariateguista era ainda "uma teoria em busca de sujeito". O tema de uma de suas conferências na UPGP marcaria, finalmente, uma via alternativa: aquela dedicada à "agitação revolucionária e socialista do mundo oriental". Esse fenômeno, indicaria Mariátegui, era a contrapartida da crise da democracia liberal, cujos valores emigravam da velha Europa para encontrar na Ásia e na África "novos discípulos nos homens de cor", coadjuvando assim o renascimento da "alma milenar" de "velhas raças em colapso". Índia, China e Turquia eram "exemplo vivo" disso, enquanto a abertura da Terceira Internacional – que, diferentemente da

Segunda, não "se limitava aos homens de cor branca" – para esse mundo não europeu animava as expectativas sobre seu possível destino revolucionário. Sua descoberta do mundo andino seria o resultado da aplicação desse critério ao seu próprio país, no que – segundo Oscar Terán – seria uma "verdadeira mutação teórico-política" do discurso mariateguista, e que definiria o sentido do seu aporte à tradição radical.

Um debate inédito sobre a "questão do índio" era o contexto dessas preocupações. Com o apoio entusiasta do próprio presidente Leguía – cujos discursos anticaciquistas se difundiam, traduzidos para o quéchua e para o aimará através da serra –, o programa mais importante de política indigenista da história republicana foi iniciado em 1919. Novas instituições – a Seção de Assuntos Indígenas ou o Patronato da Raça Indígena –, conduzidas por reconhecidos progressistas intelectuais, replicavam o trabalho de canalização das demandas indígenas realizado pela API. O apoio ao indigenismo "oficial" se estendia a entidades como o Comitê Pró-Direito Indígena "Tawantinsuyo", impulsionado por "mensageiros" e delegados comunais, que realizaria em Lima vários "congressos indígenas" com a participação de dezenas de delegados provenientes, em sua maioria, das províncias do sul andino.

Mariátegui entrou nesse debate sob uma perspectiva definida: com o objetivo de submeter as diversas tendências à crítica socialista, para assim gerar um processo de deslinde e esclarecimento que visava constituir uma vanguarda capaz de realizar no Peru o processo de renascimento da "alma milenar" similar àquele ocorrido em outras latitudes não europeias. Os passos iniciais desse processo seriam os seguintes: (a) a recuperação de González Prada das mãos do discurso arielista conservador que, desde a sua morte, tentava torná-lo uma "figura oficial, acadêmica", estabelecendo-o como o ponto de "ruptura com o vice-reinado", como o precursor, finalmente, do socialismo peruano; (b) a crítica de um nacionalismo crioulo baseado em "se anexar à glória da Espanha" e "às recordações galantes do vice-reinado"; (c) a elaboração de um nacionalismo vanguardista que, diante de um "nacionalismo reacionário" solidarizado com o colonialismo, reivindicasse "o passado incaico" para uma "peruanidade" que fizesse da reivindicação do índio seu "tema capital".

Com a fundação da revista *Amauta*, o processo de deslinde definia os rumos: "passarão por um crivo os homens da vanguarda", declarou seu fundador em seu primeiro número, "até separar o joio do trigo"; seu nome, no entanto, "bastava como programa": os "amautas" eram os sábios do Império Incaico. Um dos temas principais do debate amautista seria a configuração de um "indigenismo revolucionário" a partir da crítica do "nacionalismo andino" cusquenho; como observaria Mariátegui, como o "mujiquismo" russo, o indigenismo era parte do "substrato revolucionário emergente", a fonte emissora dos "mitos mobilizadores" do futuro ressurgimento indígena. Nessa operação, o indigenismo cusquenho aparecia como um insumo vital. Convertido em editor, em 1927 Mariátegui assumiu a publicação de *Tempestad en los Andes*, de Luis E. Valcárcel, reconhecendo-a como a obra culminante dessa corrente. "Dos Andes se irradiará novamente a cultura [...] as serranias se enchem de Espártacos [...] a rebeldia indígena está à espera de seu Lênin", dizia Valcárcel, cujo texto, com epígrafe de González Prada ("o verdadeiro Peru é formado pelas multidões de índios disseminados no lado oriental da cordilheira") e prólogo de Mariátegui ("a esperança indígena é absolutamente revolucionária"), seria denominado de "a bíblia do indigenismo radical". Do diálogo com Valcárcel viria o novo tom da retórica mariateguista: o "ressurgimento" indígena era um fato irrefutável; a revolução socialista era o novo mito da rebelião andina, ficando assim assinalado um caminho revolucionário enraizado na comunidade indígena – reduto histórico do "comunismo agrário" destruído pela conquista –, na qual o socialismo peruano encontraria os pilares para sua construção; na memória do incanato, nos "hábitos de cooperação" do índio peruano, estava radicada a "alma milenar" que o socialismo reativaria como parte do seu processo revolucionário. Superados os enfoques "humanitários ou filantrópicos" do problema do índio, ficava absolutamente clara sua natureza fundamentalmente econômica: que o problema do índio, em outras palavras, era o problema da persistência do feudalismo, e que a sua solução dependia do fim do latifúndio.

O desterrado Haya compartilhava dessas ideias medulares. Sobre "a questão agrária em geral e sobre a comunidade indígena em particular", escreveu Mariátegui em 1927 que encontrava nele conceitos que "coincidem absolutamente com os meus".

Enquanto a vanguarda limenha se articulava em torno da *Amauta*, Haya de la Torre navegava pelo mundo realizando uma aprendizagem similar àquela de seu companheiro Mariátegui no início da década de 1920, período em que manteve um contato permanente com o Peru através de um fluxo constante de artigos, cartas e "mensagens" que reafirmavam a memória de sua luta e a vigência da "frente" operária-intelectual fundada sob sua liderança. Em sua mensagem para a *Amauta* no final de 1926, por exemplo, aproveitaria para recordar o seu papel na derrota do "civilismo intelectual" iniciada com a "revolução universitária" de 1919 e culminada com a fundação da UPGP. A *Amauta,* dizia ele, representava a continuidade dessa luta. Daí sua "saudação fraternal aos trabalhadores intelectuais de vanguarda que se agrupam no movimento da *Amauta*, por sua vez incorporado à nossa Frente de ação renovadora no Peru e na América, representada pela APRA", a Aliança Popular Revolucionária Americana que Haya havia fundado no México em maio de 1924. Com isso, Mariátegui aparecia como mais um "soldado aprista". *Aprista*, afinal, da perspectiva de Mariátegui, era apenas um nome possível para a vanguarda em processo de consolidação: a fundação, a partir de artistas e escritores, de uma "política nova".

Haya de la Torre: de neoarielista a revolucionário

Com grande disciplina e firmeza de propósito, o desterrado Haya aferrou-se à sua própria cronologia da evolução da vanguarda peruana: da luta pelas oito horas de trabalho até a universidade popular e a frente de trabalhadores manuais e intelectuais, e daí ao "batismo de fogo" de 23 de maio. Toda essa história sintetizada em sua própria pessoa, com *seu* exílio a frente de trabalhadores manuais e intelectuais, alcançava projeção continental, o "grupo Amauta" passando a ser sua seção local e a geração neoarielista latino-americana (Palacios, Ingenieros, Ugarte, Vasconcelos etc.) os "pioneiros" do novo movimento. A fundação no México, em 7 de maio de 1924, da Aliança Popular Revolucionária Americana (APRA) respondia a esse propósito: era apenas um ato simbólico, o nascimento de um movimento praticamente unipessoal que Haya iria enchendo de conteúdo com seus inigualáveis dotes de propagandista. Seu amplo "programa máximo" encontraria poucas objeções entre os membros da rede progressista gerada desde os tempos da revolta estudantil de Córdoba em 1918: (a) pela ação contra o Imperialismo Ianque; (b) pela Unidade Política da América Latina; (c) pela nacionalização de terras e indústrias; (d) pela internacionalização do Canal do Panamá; e (e) pela solidariedade para com todos os povos e classes oprimidas do mundo.

Diante das tentativas prévias de unidade latino-americanista simplesmente retórica, a APRA nascia, segundo Haya, para empreender uma luta em uma dimensão dupla: por um lado, a realização de "um grande plano internacional" a partir das "nossas questões caracteristicamente americanas"; por outro, coadjuvar a definição dos programas concretos para cada país. A questão era determinar onde era mais fácil tomar o poder e proceder a tomá-lo aí. Mais que "programas imensos", eram necessários para isso "palavras de ordem, apótemas, lemas de luta" provocantes e motivadores. O fundamental era "a organização da força, em sua disciplina, em sua unidade, em seu espírito revolucionário". Das dezenas de ativistas deportados por Leguía provinham os "soldados apristas" nos quais Haya confiava para impulsionar seu ambicioso plano continental. Em uma carta sua datada de 1926 e dirigida a um desses jovens exilados – Esteban Pavletich, de vinte anos – ele revela a mística combativa daquele aprismo inicial:

A questão é dar ao nosso movimento um caráter realmente comunista, marxista-leninista. Sem dizê-lo, sem nos identificarmos como comunistas ou leninistas, mas procedendo como tais. A APRA está se organizando rapidamente, e creio que no Peru ela vai bem e conquistando adeptos entre as massas. Trata-se agora de lhe dar uma disciplina férrea, militar, de verdadeiro "exército vermelho". Nossa APRA será um grande exército ou não será nada.

No ambiente radicalizado de meados da década de 1920, o mito da revolução de outubro era um referente essencial para estimular as emoções de jovens sem formação ideológica como Esteban Pavletich. Não importava, a essa altura, que Haya tenha recusado o modelo soviético. Um critério propagandístico similar o aplicaria para promover a imagem de um movimento aprista de envergadura continental. Em dois anos, a APRA havia conseguido organizar algumas unidades nacionais, embora "ainda não muito numerosas", observou ele no final de 1926. "É surpreendente como a APRA se estende por toda a América; de todos os países nos chegam adesões" – diria ele algumas semanas depois. Afirmou posteriormente que em cada cidade importante da América contava-se com um comitê de trabalho integrado principalmente por jovens. E escreveu no início de 1927 que, se o desterro "aterroriza e corrompe" os fracos, "fortalece e define" aqueles que não o são. Vivendo na proscrição se adquiria "o hábito da batalha diária", única alternativa para "desterrados pobres" como ele, "soldados que nada têm de seu e sempre estão em marcha e prontos para o combate". Afinal de contas, "a vida toda é uma guerra dura, e a morte importa pouco". "Encarar a vida como uma guerra" – esse era o caminho quando "uma pessoa deve se entregar totalmente a uma causa".

Com Mariátegui, apesar das diferenças de estilo prevalecia a afinidade de ideias. Compartilhavam o esquema histórico pradiano: a visão negativa da colônia; um forte desdém pela experiência republicana; a exaltação da longa resistência indígena, cristalizada na comunidade, que, como seu companheiro Mariátegui, Haya identificava como "célula" de uma "vasta socialização da terra" no marco de uma efetiva abolição da grande propriedade. A "velha comunidade incaica moderniza-da" é a "nova comuna russa", diria o líder aprista. Ele concebia uma revolução de base indígena que, como uma contrapartida sul-americana da revolução mexicana, poderia se estender até a Colômbia pelo norte e até as proximidades de Jujuy (Argentina) pelo sul, através de regiões unificadas por um problema agrário e racial comum. Segundo Haya, apesar das grandes mudanças socioculturais, a "base étnica" dos povos latino-americanos continuava sendo "definidamente indígena". Daí se estimasse em 75% a porcentagem dessa população e que, ainda em 1930, se continuasse achando que a revolução da "nossa América" seria "de base e de sentido indígenas". Uma "revolução nacionalista indígena" que, em 1927, Haya havia definido, em uma carta dirigida a Eudocio Ravines, como uma ação "a mais militar-mente disposta possível, a mais disciplinada e sob o controle e a autoridade do nosso núcleo".

Deixando de lado a retórica, nessa época, segundo as palavras de Pedro Planas, a APRA era apenas "um projeto etéreo, sem delimitação ideológica nem organizativa", que flutuava entre o "neoarielismo" e a Komintern. Justamente um evento promovido por essa organização – o Congresso Internacional contra o Imperialismo e a Opressão Colonial, realizado em Bruxelas em fevereiro de 1927 – permitiria a Haya definir sua linha autônoma dentro da constelação esquerdista internacional, ao recusar o modelo do partido, optando pelo multiclassicismo do Kuomintang chinês. Tratava-se, afirmaria Haya, de uma "lição de realismo político" similar àquela "já proclamada pela APRA na nossa América"; ou seja, sua convocatória para "todas as forças afetadas" pela penetração imperialista, com seus efeitos de "monopólio, trustificação, destruição dos pequenos capitalistas nacionais, proletarização das classes médias e opressão nacio-nal". Colocava-se assim em curso de colisão com Mariátegui, cuja fé na Internacional Comunista se manteria inalterada desde os dias do seu exílio europeu até o fim da vida. As críticas provenientes daqueles que, segundo Haya, seguiam "com ardor fanático" as "questões de ordem que nos chegam da Europa" não tardariam a chegar; a do cubano José Antonio Mella, por exemplo, que sustentava que a APRA representava "a organização do oportunismo e do reformismo latino-americano".

Justamente em resposta a Mella, Haya escreveria um dos textos mais importantes de sua carreira: *El Antiimperialismo e el APRA*, onde, pela primeira vez, o chamado "aprismo" apareceria formalmente como interpretação marxista da América Latina. Em síntese, as ideias centrais aí apresentadas eram as seguintes: (a) uma reinterpretação da teoria leninista do imperialismo, segundo a qual, na América Latina, esta não seria a última, mas a primeira fase da penetração capitalista, base imprescindível para a modernização regional; razão pela qual, mais que repudiar o capital estrangeiro, seria necessário colocá-lo sob o controle de um Estado anti-imperialista; (b) baseado no modelo do capitalismo de Estado, o Estado Anti-imperialista aprista aparecia como uma entidade dirigista que assumiria o controle da produção e do comércio, restringindo a liberdade econômica das classes exploradoras e médias como parte de um processo de transição para uma nova forma de organização social em benefício das classes produtoras; (c) a luta contra o imperialismo ianque surgia como o elemento central de uma mobilização continental conduzida por organismos de "frente única" constituídos pelos grupos direta ou indiretamente afetados pelo imperialismo: intelectuais, operários e as classes médias proletarizadas; (d) devido ao caráter precário da classe trabalhadora – quantitativamente pequena e sem a experiência necessária para desenvolver uma consciência de seus verdadeiros interesses de classe – e ao estado de exploração semifeudal e ignorância em que se encontrava o campesinato, as classes médias empobrecidas e mais violentamente agredidas pelo imperialismo eram chamadas a encabeçar a luta anti-imperialista; (e) em cada país latino-americano seria organizada uma "célula aprista" que subscreveria, a partir de suas próprias condições nacionais, o programa máximo da APRA; (f) o perfil de uma "revolução social, não socialista" surgia como o horizonte final da cruzada aprista; uma revolução com duas tarefas principais – a reivindicação da soberania nacional em face da dominação imperialista e a emancipação dos camponeses índios da opressão feudal – cujo produto seria uma sociedade em transição, adequada às características indo-americanas.

No início de 1928, ávido de ação, Haya empreendeu o retorno a este lado do Atlântico. Da América Central proclamaria o fim da "etapa lírica" da luta anti-imperialista; declararia deixar aos "profissionais gordos da revolução" a discussão doutrinária; e que para a APRA havia chegado o momento de responder ao intervencionismo ianque com uma "contraofensiva integral". A Nicarágua aparecia como o epicentro da confrontação. Mais de quatro mil efetivos militares norte-americanos haviam ali desembarcado no início de 1927, com a anuência do mandatário conservador Adolfo Díaz. Indignado, o liberal Augusto César Sandino pegou as armas e jurou não depô-las até que o último *marine* deixasse o solo pátrio. Pouco depois, em Chinandega, a força aérea ianque protagonizava o primeiro ataque aéreo contra uma população civil na história militar dos Estados Unidos. Em fevereiro de 1928, Haya entrou em contato epistolar com Froilán Turcios, um colaborador próximo do chamado "general dos homens livres". Por seu intermédio, "os desterrados do Peru", constituídos em "soldados da APRA", ofereciam sua "contribuição de sangue" ao Exército Libertador Nicaraguense. "Já estão lutando peito a peito com os ianques nas fileiras de Sandino os primeiros enviados da APRA", anunciaria um mês depois o líder aprista. Na verdade, o único aprista peruano que chegou a visitar os acampamentos de Sandino foi Esteban Pavletich, secretário--geral da célula aprista do México. Para além da retórica – como observou Jussi Pakkasvirta –, esses eram os momentos finais da fase continentalista do movimento fundado por Haya.

Na verdade, em 1929 a APRA era apenas uma rede de deportados mantida pelo grande dinamismo de seu fundador. Havia células apristas em vários países – Bolívia, Chile, Peru, El Salvador, Guatemala, Costa Rica, Porto Rico, República Dominicana, França, Cuba e Inglaterra –, cuja importância, no entanto, tinha sido exagerada pela historiografia aprista, já que "normalmente funcionavam como clubes políticos ou culturais" que não chegariam a ter um grande papel em seus respectivos países. Por outro lado, o espaço para uma política "latino-americanista" foi se estreitando à medida que as redes anti-imperialistas do início dos anos 1920 – impulsionadas por neoarielistas como Manuel Ugarte, Alfredo Palacios ou José Ingenieros – foram se fragmentando. De fato, a campanha hayista centro-americana de 1929 deixou opiniões divididas que sugerem as complicações que se apresentavam para continuar impulsionando a APRA como uma suposta organização continental. O próprio José Vasconcelos – célebre secretário da educação da revolução mexicana de quem Haya foi colaborador – assim se referiria a ele:

> Provavelmente não há outro caso na história hispano-americana em que um indivíduo de estatura tão medíocre tenha conseguido criar e manter durante vários lustros um movimento político tão poderoso. O aprismo foi uma aspiração ardente, porém cega e confusa. Do mesmo modo, seu chefe, homem empenhado pela luta cívica, nunca teve uma ideologia precisa, talvez por falta de cultura, talvez por ter pensado que o oportunismo em termos de doutrina social fosse o meio mais seguro para se conseguir o triunfo.

A opinião da escritora costarriquenha Carmen Lyra, por outro lado, é testemunho do entusiasmo gerado pelo líder aprista nos meios intelectuais centro-americanos:

> Ao escutar Haya de la Torre senti vergonha do meu ceticismo cômodo e do meu pessimismo, que não é outra coisa senão ignorância da realidade que move o presente e o futuro do meu país e da América Central. Seu otimismo construtivo me fez ver os bens que estão à minha volta, os homens, as mulheres e as crianças saudáveis do meu povo, as forças grandiosas e as riquezas que se agitam em torno de mim, e ao mesmo tempo o anseio por cuidar delas e conservá-las.

Frustrada a aventura sandinista, seu próprio país aparecia como o cenário mais propício para se passar à ação. O

Peru, afirmou Haya em janeiro de 1928, caminhava para se converter em uma grande Nicarágua, e Augusto B. Leguía em um novo Adolfo Diaz. Até que ponto era realista pensar que o Peru de Leguía poderia substituir a Nicarágua de Sandino como epicentro da resistência anti-imperialista? Podia contar com o apoio do grupo da *Amauta* se, meses antes, diante da perseguição do regime leguiísta, Mariátegui havia se declarado alheio a qualquer atividade conspiradora?

O chamado "plano do México", elaborado nessa ocasião pela célula aprista desse país, respondia ao desejo de Haya de entrar em ação no Peru. Anunciava, para isso, a criação do Partido Nacionalista Libertador, como "organismo político militar revolucionário" que o reconhecia como "chefe supremo", lançando ao mesmo tempo sua candidatura para as eleições presidenciais de 1928. Adotando o lema zapatista "terra e liberdade", também convocava a "frente de trabalhadores manuais e intelectuais" para se somar à luta pela liberdade e em defesa da soberania nacional. Para aumentar a confusão, fizeram circular panfletos em apoio ao movimento em nome de supostos agrupamentos nacionalistas de cidades como Abancay e Juliaca, na serra sul do país. O propósito disso, como diria Haya posteriormente, era desorientar o governo, criando, ao mesmo tempo, um ambiente favorável para a entrada do Exército Libertador pelo norte do país. Nos campos petroleiros de Talara, próximo à fronteira com o Equador, este estabeleceria sua primeira base de apoio. Até essa data, o "plano do México" desconhecia o regime leguiísta que havia "usurpado o poder no Peru".

Esse projeto ficaria mutilado quando, inesperadamente, Haya se viu obrigado a retornar à Europa. Na viagem da Costa Rica para o México devia fazer uma escala no Panamá. Foi impedido de desembarcar, sendo obrigado a seguir até Hamburgo. Com isso, o "Plano do México" deu em nada, aumentando ainda mais a polêmica em torno do seu inspirador. Seria Haya um grande oportunista ou um líder realista temporariamente derrotado como preço de sua audácia e de sua coragem?

A vanguarda dividida

O "Plano do México" precipitaria uma ruptura entre os dois capitães geracionais cujas raízes podiam ser percebidas, retrospectivamente, nas contribuições dos futuros apristas para a *Amauta*. Destacavam-se por sua ênfase no nacionalismo. Carlos Manuel Cox, por exemplo, defendia um "nacionalismo revolucionário" caracterizado por ser "mais dilatado que o pequeno e mesquinho nacionalismo propagado pelos governantes de todas as épocas". Manuel Seoane, por sua vez, ponderava as vantagens de um "nacionalismo continental" que, ampliando a "concepção bolivariana", unisse a América Central e a América do Sul em um bloco comum. Antenor Orrego aprofundava esse conceito postulando que "os povos americanos" eram convocados a "formar um grande bloco racial, com uma cultura e um pensamento de conjunto". Em breve – nas palavras do próprio líder do aprismo –, o "novo patriotismo" consistiria em lutar "contra o conquistador econômico estrangeiro e contra seus cúmplices internos". Essa linha de pensamento ficou consagrada em um texto publicado pela *Amauta* em abril de 1927, em que Haya insistia uma vez mais em sua conhecida síntese histórica: da UPGP surgiu a APRA, que, por sua vez, foi se constituindo "na mais poderosa organização anti-imperialista da América", na linha do Kuomingtan chinês, como instância nacionalista centralizadora de outras tendências de esquerda. "Somos de esquerda", enfatizava Haya, "porque somos anti-imperialistas".

Entretanto, nessa época já naufragava a *entente* nacionalista-comunista. Em março de 1927, Mao Tsé-Tung conclamou em Hunan a extensão do "furacão camponês". Nos meses subsequentes, as forças do Kuomingtan começaram a caça aos "vermelhos" nos campos chineses. Em "Punto de vista anti-imperialista" (junho de 1929) viria a resposta formal de Mariátegui. Em síntese, seus argumentos seriam os seguintes: (a) as burguesias sul-americanas não têm nenhuma predisposição para se confrontarem com o imperialismo como "ingenuamente" supõe a propaganda aprista, e é absurdo pretender que se capte nela um sentimento de nacionalismo revolucionário similar ao surgido nos países anticoloniais avassalados pelo imperialismo nas últimas décadas na Ásia; (b) diferentemente da China, no Peru a burguesia crioula não se sente vinculada ao povo pelo elo de uma história e de uma cultura comuns; ao contrário, "o aristocrata e o burguês brancos desprezam o popular, o nacional, e se sentem, antes de tudo, brancos", e o pequeno burguês mestiço imita seu exemplo; (c) os apristas elevaram o anti-imperialismo à categoria de um programa, de um movimento "que basta a si mesmo e que conduz, espontaneamente, não sabemos em virtude de que processo, ao socialismo, à revolução social"; (d) à sua declaração de que eram de esquerda porque eram anti-imperalistas, Mariátegui responde que "somos anti-imperialistas porque somos marxistas, porque somos revolucionários"; (e) nada, senão "uma temporária embriaguez nacionalista", podia impedir o avanço imperialista da pequena burguesia; mesmo que isso fosse possível, uma "tomada do poder por parte do anti-imperialismo", segundo Mariátegui, não representaria senão a afirmação no poder de um "movimento demagógico populista" que iria se converter no "mais encarniçado e perigoso inimigo" da revolução socialista.

Tanto quanto um impasse doutrinário, havia se produzido um choque de estilos e, inclusive, de personalidades. Mariátegui deplorava a ação de um líder que, sem o consenso dos "elementos de vanguarda que trabalham em Lima e nas províncias", formava uma entidade política inexistente como o Partido Nacionalista Libertador, desertando assim da "obra histórica em cuja preparação até ontem coincidimos"; em outras palavras, abandonando a construção de um "movimento ideológico" baseado na "inteligência e abnegação de seus militantes" em favor de uma ação típica da mais "vulgar demagogia crioula". Para ele, o uso do blefe e do engano era simplesmente inadmissível. E advertiu que, mesmo em movimentos bem doutrinados, os meios podiam terminar substituindo os fins. "*He visto formarse al fascismo*", recordava, finalmente, a seus companheiros desterrados, estabelecendo uma analogia que com o tempo iria se generalizar entre os antiapristas de esquerda.

Haya, no entanto, privilegiava a ação, a disciplina, o poder da propaganda, enfatizando até o exagero às diferenças entre sua condição de *político* frente ao *intelectualismo europeísta* de seu opositor. Insistia, nesse contexto, em sua admiração por Lenin, a quem costumava citar para ressaltar que "a questão essencial da revolução é a questão do poder". Os intelectuais, os poetas, os literatos aparecem também como objetos de suas críticas mais ásperas. Reclama deles "menos histeria e mais espírito militar", censurando sua tendência à fantasia, seu extremo individualismo, seu "personalismo irritante e faccioso". Assim, diria a seus companheiros da célula de Paris: "Os literatos acomodam facilmente uma teoria fantástica dentro das caixinhas de cristal de suas frases poliédricas; enquanto para nós, lutadores, soldados e gente de ação, tudo isso é cristal, e o cristal se quebra ao primeiro choque". Não que a *intelligentzia* fosse desnecessária, mas se os intelectuais queriam fazer política a sério deviam renunciar ao seu individualismo e se submeter à "disciplina integral" do partido. Por outro lado, àqueles que lhe pediam uma definição da APRA responderia que encarar a questão do poder não se tratava de conhecer a ciência revolucionária, mas de saber como aplicá-la a uma realidade específica, e que seria essa "ciência da aplicação" que determinaria que postulados e que princípios deveriam regular a ação nesse "vasto campo desconhecido" que "temos diante de nós". Por isso, o processo da APRA era "totalmente novo", incompreensível para intelectuais contagiados pela "febre tropical de fazer castelos no ar", que "tinham medo de se rebelar contra as ideologias importadas". Só admitindo "que somos diferentes dos da Europa e dos da Ásia" poderíamos descobrir "a verdadeira consciência da América". E, uma vez realizada essa descoberta, surgiria "uma ideologia que não seria mais de arremedo, de imitação, de transplante, mas de contextura autóctone e realista, peculiarmente nossa".

Entretanto, do outro lado da vanguarda, o desafio hayista obrigava a dar por concluída a etapa da "definição ideológica". Palavras como "nova geração" ou "vanguarda", indicou Mariátegui, não eram mais necessárias; "para ser fiel à revolução" bastava agora dizer que a *Amauta* era "uma revista socialista". Todos os objetivos renovadores – incluindo o anti-imperialismo – estavam contidos na palavra "socialismo". E "revolução", nesse caso, tinha um conteúdo preciso: era uma fase da revolução mundial. Assim, o Partido Socialista que seria fundado em outubro de 1928 tinha como prioridade se vincular à Terceira Internacional ou Komintern, fundada em 1919. Essas conexões se iniciaram no início do ano, quando dois ativistas do círculo de Mariátegui – Julio Portocarrero e Armando Bazán – participaram do IV Congresso da Profintern (em Moscou) e do Congresso dos Países Orientais (em Baku). Em meados de 1929, acompanhado do médico Hugo Pesce, o mesmo Portocarrero representou o recém-criado Partido Socialista na Primeira Conferência Comunista Latino-Americana. As teses que aí se apresentaram afirmavam a singularidade do socialismo. Em pelo menos três áreas estas discrepavam das visões pregadas pelos representantes da Komintern: (a) a ênfase na "questão indígena", ao afirmar que, como dizia Mariátegui, "o socialismo está na tradição americana", recordando que "a organização comunista mais avançada e primitiva registrada pela história" era a incaica; e que, por fim, a revolução no Peru não deveria ser feita contra o índio, mas, ao contrário, o incorporando e aprimorando; (b) o papel fundamental designado aos intelectuais na construção do partido, enfatizando um tipo de relação intelectuais-massas concebida não como uma aliança de classes abstrata, mas como elemento de importância decisiva na organização do movimento de massas e na formação de um bloco ideológico revolucionário; e (c) o modelo de construção partidária, na linha da *Amauta* e da "frente intelectual", como um processo de convergência e definição coletiva, que permitisse recolher as experiências das massas em vez de recorrer a um plano previamente traçado. Em resumo, o partido como ponto de chegada de uma articulação complexa de correntes internas ou como uma "unidade da internacional comunista"; daí a questão do nome emergir como tema central da discussão.

O impasse era evidente: para os teóricos internacionalistas, as especificidades nacionais eram irrelevantes; extrapolando concepções elaboradas para os países asiáticos, eles reconheciam somente países "semicoloniais", definidos por uma relação de dependência específica com o capital imperialista, o que permitia propor uma estratégia continental comum. O desacordo, no entanto, não se traduziu em ruptura. Os dirigentes Vitório Codovila e Jules H. Droz se limitaram a expressar seus desejos de que os peruanos se retificassem. A distância, o desconhecimento e o pouco interesse que a América Latina suscitava em Moscou determinavam que, naquela época, o recém-fundado Bureau Latino-Americano da Komintern tivesse certo nível de autonomia com relação ao sectarismo e à rigidez stalinistas que se imporiam mais tarde, quando a crise capitalista fez seus dirigentes pensarem que a revolução era uma possibilidade real na região.

Um ano antes do desencadeamento da crise da vanguarda, Eudocio Ravines, que havia conferenciado longamente com Haya em Berlim, deixou claramente estabelecida a irreversibilidade da situação que havia sido criada. Que haviam se esgotado "todos os meios para evitar uma cisão com Haya", que nenhuma *entente* mais era factível e que "talvez no futuro", na própria luta, pudesse haver alguma unidade – relatou Ravines a Mariátegui em março de 1929. Afinal, entre a "pequena burguesia" e o "proletariado" havia "uma luta aberta, ativa ou potencial". Convertida em uma questão de classe, a divergência se transformou em uma ruptura histórica.

APRISTAS E COMUNISTAS NA CRISE DE 1930

Vítimas da "grande depressão" de 1929, durante o ano de 1930 caíram vários governos latino-americanos. No Peru isso ocorreu em agosto, quando o comandante Luis M. Sánchez Cerro – oficial mestiço e ligado ao populacho que aparecia como a própria imagem do caudilho do século XIX – pôs fim aos onze anos de governo de Leguía. De Berlim, Haya advertiu a virada que esses acontecimentos significavam: um ciclo interminável de ditaduras e insurreições; tiranias sem programa destronadas por rebeliões também sem programa, ambas integradas por "homens ou partidos sem uma concepção clara e realista dos nossos problemas e sem métodos científicos de governo". Romper esse círculo vicioso não dependia da "boa ou má vontade, ou da maior ou menor honestidade", mas da capacidade, visão e sabedoria de seus líderes. Assim, o desafio era contextualizar um Estado novo e forte, emancipado o máximo possível da pressão estrangeira, e consciente de suas possibilidades para se afirmar nacionalmente. E, para realizar essa tarefa, o aprismo deveria tomar o poder.

Nessas circunstâncias, a "revolução nacionalista indígena" ficava de lado diante de objetivos como "cumprir a etapa democrática, organizar construtivamente o Estado, educar, melhorar, capacitar e defender as classes produtoras". Entretanto, no âmbito interno, na relação com a militância, o discurso revolucionário continuava vigindo. Embora para aspirar ao poder fosse preciso moderar o discurso público, também era verdade que, para atuar em um ambiente repleto de perigos, seria imprescindível manter viva a mística insurrecional; entender, segundo Haya, que "às ideias fundamentais do tirano seria necessário opor ideias também fundamentais, e à sua violência, a violência". A questão não admitia puritanismos, pois quando nos dirigimos a uma guerra precisamos usar "todos os ardis". O importante, como escreveu Haya à célula da APRA de Cuzco em fevereiro de 1930, era "que a Revolução se cumpra, quanto mais ampla, quanto mais radical e quanto mais vermelha a realidade o permita". Se fosse possível, continuava ele, seria imposto hoje mesmo o "comunismo universal", mas na revolução não havia "varinhas mágicas", somente realidades. E o que o realismo indicava era que o aprismo deveria se articular em torno de uma candidatura presidencial que apresentasse ao país uma alternativa convincente de sucessão ao leguiísmo. Em suma, a revolução se faria a partir do poder.

E, para isso, o partido era o instrumento essencial. Pouco a pouco, a "disciplina integral" que Haya havia reclamado aos "trabalhadores intelectuais" iria se impondo; dominando impulsos radicais, uniformizando uma retórica pragmática, inclusiva e flexível, apta para o combate eleitoral, em cuja base iriam se estabelecendo as bases do Partido Aprista Peruano. Haya de la Torre contava com seu apoio crucial para planejar seu retorno ao Peru. Um retorno, consequente com seu estilo, espetacular. Optou por chegar ao porto de Talara, extremo norte do país, no início de julho de 1931, para iniciar dali um apoteótico percurso até a Capital. Iniciou seu percurso visitando os trabalhadores dos campos petrolíferos da região, entrou depois na região açucareira, e em sua cidade natal a intensidade da sua campanha – cujas notícias eram difundidas pela imprensa da capital – chegou ao ponto culminante: seu reencontro finalmente com os antigos companheiros da Capital. Sob a bandeira do aprismo renascia com essa peregrinação a combativa *frente de trabalhadores manuais e intelectuais* de 1923. Nos meses seguintes, enquanto a propaganda aprista reafirmava a medula radical do aprismo, Haya delineava um discurso moderado que privilegiava as soluções técnicas e científicas, enquanto procurava assegurar aos representantes do poder econômico – incluído aí o embaixador norte-americano – que sua chegada ao poder não significaria o sismo que seus opositores vaticinavam. Em um tempo incrivelmente breve, os apristas conseguiriam construir uma estrutura capaz de seguir a onda social desencadeada pela crise econômica: um verdadeiro partido de massas, com quadros completos, com agitadores, com meios de comunicação e propaganda capazes de infundir temor às próprias Forças Armadas.

Aos socialistas, por outro lado, as mobilizações suscitadas pela crise econômica e pela queda de Leguía surpreendiam com um projeto partidário ainda incipiente. Pouco tempo depois de sua fundação, o partido fundado por Mariátegui sofria sua primeira ruptura: desligavam-se dele aqueles que não olhavam com simpatia a sujeição ao movimento comunista internacional, e que, sob a denominação de Partido Socialista, continuariam atuando sem chegar a se converter em uma verdadeira organização de massas; e, pior ainda, em abril de 1930, sofreram a perda de seu guia e organizador. Mariátegui havia decidido depositar em Eudocio Ravines – chegado a Lima alguns meses antes procedente da Rússia – a responsabilidade de sucedê-lo. Este era um personagem singular, um dos poucos latino-americanos formados na chamada "cozinha" do Komintern; um verdadeiro *apparatchik*, integrante daquela onda de "emissários" enviados à América Latina com o objetivo de enquadrar partidos liberaloides e pequeno-burgueses – como era visto o Partido Socialista de Mariátegui – dentro dos preceitos da Terceira Internacional. Para ele, diferentemente de seu falecido companheiro – segundo Alberto Flores Galindo –, o comunismo não era "uma necessidade nacional", e menos ainda poderia aceitar que tivesse raízes na tradição comunitária andina; era um "sistema mundial", uma sólida e eficiente construção racional na qual eram imprescindíveis as hierarquias.

Rumo ao "verdadeiro Peru"

Para frear o recém-fundado Partido Aprista Peruano, a velha direita civilista recorreu ao responsável pela derrocada de Leguía, o agora coronel Luis M. Sánchez Cerro; sem organização partidária alguma, esse jovem e carismático oficial mestiço apareceu como sua tábua de salvação. Frente ao populismo de esquerda, surgia assim um populismo de direita, ambos igualmente efetivos na motivação da euforia multitudinária. Uma nova lei eleitoral havia aumentado significativamente a participação popular. A polarização era irresistível. Uma intenção de candidatura de centro – apoiada pelos velhos arielistas – sucumbiu às forças desencadeadas pelo "caudilhismo demagógico" e pelo "caudilhismo militar", como o denominava o arielista Víctor Andrés Belaúnde. Sánchez Cerro, nessas circunstâncias, concentrou o voto daqueles que o viam como um mal menor. Com isso conseguiu 50,75% dos votos, deixando Haya de la Torre com 35,38%, em resultados que, não sendo aceitos pelo perdedor, agudizaram a confrontação aprista-sanchecerrista.

A região nortista e a cidade de Trujillo – onde o voto aprista havia sido maciço – converteram-se em epicentro do conflito. Ações repressivas em Paiján e Casagrande ativaram o instinto combativo em uma zona de tradição guerrilheira e anarco-sindicalista. Oficiais que se opunham ao novo presidente entraram em contato com o protesto aprista. Haya, por sua vez, foi chamado para transformar o agora maciço aprismo em uma força capaz de resistir ao embate que, visivelmente, iria se desencadear. Em um discurso pronunciado no mesmo dia em que se instalou o novo governo, ele traçou o caminho a seguir. Suas palavras daquele dia ressoariam nos duros anos que se seguiriam no espírito de seus companheiros. Ao palácio, diria o líder, chegava um regime sem "título moral" para governar; o aprismo, ao contrário, havia conseguido se instalar na consciência do povo: "eles mandarão, mas nós continuaremos governando". Tal era o desafio que o aprismo se impunha: assumi-lo significava uma enorme prova de vontade – "correrá mais sangue aprista, nosso martirológio aumentará sua lista imortal, o terror reiniciará sua tarefa ignominiosa" –, na qual não haveria lugar nem para covardes nem para traidores. Havia chegado, portanto, o momento de separar o joio do trigo: quem, nesse momento de provação, se sentisse "acovardado ou sem força", simplesmente "não era aprista". Educando, organizando, dando exemplo, a APRA forjaria um caminho de redenção que, cedo ou tarde, a levaria à "vitória final". A convocatória era então para "esperar na ação", como ele mesmo havia feito, durante anos, "na perseguição, na prisão e no desterro", em que "a decisão de vencer não me abandonou um só dia".

Entretanto, as medidas do regime visavam erradicar o aprismo da vida política: uma repressiva Lei Emergencial, em particular, que declarava proscrito todo partido com vínculos internacionais, legitimou a ação ilegal dos representantes apristas no Congresso da República. Em março de 1932, um jovem militante aprista atirou contra o presidente Sánchez Cerro, deixando-o gravemente ferido. As prisões se encheram de apristas e o próprio Haya foi detido em um bairro da Capital. Nessa mesma noite ocorreu uma sublevação em um navio de guerra no porto de Callao, em que oito marinheiros foram sumariamente executados. A prisão do líder foi entendida pelas bases apristas como um chamado à rebelião. Uma rebelião que irromperia nada menos que no "berço do aprismo" – a cidade de Trujillo – em 6 de julho de 1932.

Diversos relatos desse acontecimento mostram uma direção partidária local realizando preparativos para lançar um movimento cívico-militar que seria liderado pelo comandante Gustavo "Zorro" Jiménez – um oficial nacionalista também adversário tenaz de Sánchez Cerro –, que devia chegar do Chile para ocupar esse posto. Manuel "Búfalo" Barreto, reconhecido líder operário de procedência anarco-sindicalista, fazia parte dessa organização. Na tensa espera – que sofreu várias e exasperadoras postergações suscitadas por problemas de coordenação para a chegada de Jiménez –, e fazendo ouvidos moucos aos pedidos de calma da liderança aprista local, Barreto tomou a decisão de atacar o quartel O'Donovan, situado nos arredores da cidade. Ele morreria nos primeiros minutos do combate. Logo após a queda do quartel, o Comitê Aprista local entrou em ação, assumindo o controle da cidade depois de prender as autoridades militares e civis da região; um irmão de Víctor Raúl – Agustín Haya de la Torre – assumiu as funções de prefeito de Trujillo.

Não haviam transcorrido 48 horas do início do levante quando um regimento militar avançou rumo à cidade vindo do porto de Salaverry, enquanto uma frota aérea bombardeava os insurretos. Resistiram durante cinco dias, entrincheirados no centro urbano, sem pensar em estender o movimento às fazendas açucareiras próximas. Em meio ao desgoverno, em um incidente confuso, vários membros das forças armadas e policiais – dez oficiais militares, um soldado e 15 policiais, além de 25 civis – foram massacrados no cárcere da cidade. Atribuindo o crime aos rebeldes apristas, os ocupantes optaram por cobrar a revanche assim que derrubassem o último bastião da resistência, em 13 de julho de 1932. Fontes apristas declarariam que dois mil foram fuzilados na cidadela vizinha de Chan-Chan. Depois de serem desalojados da cidade, alguns rebeldes empreenderam a marcha para a serra com a esperança de se unirem aos seus companheiros que haviam tomado as cidades de Cajabamba

(Cajamarca) e Huaraz (Ancash). Isolados, foram caindo um após outro. Segundo o historiador Roy Soto Rivera, uma das colunas em retirada se dedicou a "assaltar fazendas e impor quotas aos camponeses em nome da revolução". Outra foi encabeçada pelo "prefeito revolucionário" Agustín Haya de la Torre. Anos depois, um dos dirigentes históricos da APRA lamentaria a solidão do irmão do líder: "um homem branco e barbudo, um *misti*[*] típico", perseguido por tropas cujos "melhores guias" foram os "camponeses indígenas" dessas localidades em que pretendia continuar a rebelião. Sem possibilidades de continuar, optaria por se esconder na fazenda de uns parentes. Essa rebelião, com todos os movimentos que se seguiram, continua o dirigente aprista, se proporia, exclusivamente, "à captura de cidades"; não havia preparação para "a guerra no campo".

Entretanto, rebatizados como comunistas, os mariateguistas se ocultavam nas massas profundas da região andina. Basta folhear as páginas de *Hoz y Martillo*, o jornal do partido, para apreciar as consequências das mudanças implementadas por Ravines. Assim, em julho de 1931, dirigindo-se a seu desaparecido fundador, um redator anônimo afirmou:

> Estamos cumprindo a promessa que te fizemos em teu Rincón Rojo, onde lançamos as bases do PC. O vazio que deixaste está sendo preenchido por milhares de proletários e índios. De tua cadeira de inválido fizemos tribuna e ela roda por todos os rincões do Peru. A bandeira vermelha que te serviu de sudário é levantada bem alta por milhares de mãos; e teu nome, teus ensinamentos, tua memória, flamejam no alto sob a foice e o martelo, na bandeira das nossas grandes lutas de classe. Perdemos algumas unidades de vanguardistas de esquerda, de intelectuais sem caráter, que se aproximaram de ti em busca de prestígio, de renome, do êxito que lhes assegurava o amparo da tua amizade e do teu nome. Os Orrego, os Sabogal, os Sánchez, os Basadre, os Valcárcel, os Spelucin e companhia militam hoje no campo do adversário de classe, contra quem

---

[*] Índio da região serrana do Peru. (N. da T.)

tua luta foi implacável. Mas, em troca, em teu partido milita a flor do proletariado.

Parte dessa virada seria a recusa de qualquer vínculo com a intelectualidade indigenista e a consequente imposição do esquema de polarização classista da Komintern sobre o complexo panorama sociocultural peruano. No final de 1933 definia-se o "mariateguismo" como "uma confusão de ideias procedentes das mais diversas fontes". Segundo essa perspectiva, o problema se originava no fato de Mariátegui ter conhecido o movimento revolucionário "através das mais diversas tendências não proletárias", o que o havia induzido a cometer "grandes erros não só teóricos, mas práticos". Poucos eram os "pontos de contato entre o leninismo e o mariateguismo; este atribui ao imperialismo e ao capitalismo no Peru uma função progressista; substitui a tática e a estratégia revolucionária pelo debate e a discussão etc.". Por tudo isso, concluía o comitê central comunista, "nossa posição frente ao mariateguismo é e tem de ser de combate implacável e inconciliável".

A serra central seria escolhida pelos comunistas pós-Mariátegui como campo de experimentação de suas elaborações. A presença ali do proletariado mineiro animava suas esperanças. "Por ser proletariado e por ser índio", este devia se constituir "no grande baluarte da Revolução", na "gloriosa vanguarda de ferro do poder soviético no Peru, a grande brigada de choque da insurreição". Destituídos em massa gerados pela crise mundial criavam ali condições favoráveis para o trabalho comunista. Uma paralisação sindical em La Oroya – sede da refinaria de cobre da Cerro de Pasco Corporation – derivou, em novembro de 1930, em uma tentativa de rebelião. Os operários tomaram a cidade, passando em seguida a sequestrar os chefes norte-americanos, e se prepararam para resistir. Entretanto, uma violenta repressão provocaria a dispersão da organização operária. Até onde pôde chegar essa incursão comunista no "verdadeiro Peru"? A discussão que seguiu o fracasso mineiro dá indícios a respeito.

Segundo uma informação, diante da "situação revolucionária" gerada pela mobilização operária, o caminho correto teria sido formar um Conselho de Operários, Índios e Soldados que houvesse "tomado sob seu absoluto controle o governo da zona", passando a "repartir a terra dos fazendeiros e caciques entre as comunidades e os índios pobres". E a razão de isso não ter acontecido tem de ser buscada na composição do Comitê Regional da província de Junín: demasiados estudantes e demasiados professores, ou seja, pequena burguesia; na luta contra a "herança anarco-sindicalista" que desvirtuava a consciência operária, o remédio era a proletarização. Segundo outro relato, da incorporação de "numerosos contingentes de índios" nas instâncias de direção – e de um ou outro intelectual que tenha provado abnegação, força e firmeza nas convicções para lutar até o fim da revolução – dependiam as possibilidades de se conseguir a revolução operária e camponesa. Citando Stalin, Eudocio Ravines interviria para fazer a esse respeito uma declaração crucial: embora os camponeses fossem "a reserva fundamental e direta da revolução", daí não se podia concluir que o PC fosse um "partido de operários e camponeses". O PC, se alguma dúvida restasse, era o "partido do proletariado". Por isso, como enfatizou um documento da célula de Muquiyauyo, uma efetiva "bolchevização" do PC passava por lutar contra o "intelectualismo" e "os vestígios mariateguistas e amautistas". Afinal, as reivindicações indígenas por si sós "não representavam historicamente nada".

Epílogo: a tradição submersa

Na serra nortista e na serra central, separadas por centenas de quilômetros de solitária cordilheira, culminava a tentativa de materializar a *longa marcha* para o "verdadeiro Peru", inicialmente imaginada por Manuel González Prada. Ao velho "apóstolo do radicalismo" haviam se juntado Haya de la Torre e Mariátegui, com o propósito de elaborar as "ficções orientadoras" que iluminaram a rota da *cidade letrada* – depois de ter dela desalojado os eruditos doutores arielistas – para o país profundo que percebiam como o pilar da nação a ser construída. Em sua visão, somente a mobilização indígena poderia ser capaz de produzir a ruptura radical com o passado que essa construção requeria; ali estava a única força capaz de desmantelar a trama oligárquico-caciquista que atormentava o país, frustrando a cristalização da nação. Por esse ato, o índio – esse "outro" da história republicana – se converteria em seu principal protagonista, na substância de uma comunidade nacional superior e abarcadora da frágil "pátria crioula" que, desde 1821, passava por ser a "nação peruana". A eles correspondeu criar os partidos e criar os militantes com que a vanguarda se fundiria com o "verdadeiro Peru". Depois da derrota do início dos anos 1930, tudo pareceu voltar à estaca zero. Enquanto o aprismo arriava as bandeiras insurrecionais, o comunismo se livrava do "mariateguismo" e, sob as pressões de uma época repressiva, a política revolucionária ficava confinada à cidade. Divorciada da elaboração doutrinária esquerdista, a temática da *nação radical* voltou percorrer os canais literários; entre as décadas de 1930 e 1960, uma plêiade de poetas e narradores continuou nutrindo a ideia do andino como o verdadeiramente peruano, imprimindo à sua obra um inegável tom denunciatório. Desse âmbito ela voltaria a sair nos anos 1950, quando – ativada por uma nova onda de mobilização rural – uma nova vontade política decidiria retomar a truncada *longa marcha* dos anos 1930.

SEGUNDA PARTE

REVOLUÇÃO NA REVOLUÇÃO

Da região serrana, um ex-presidente da República esboçou, em meados dos anos 1950, um panorama desolador: sua população envolta no "ópio" do mito, na ignorância e na servidão, desprovida de "critério" e de "perspectiva humana", alheia às "palpitações do nosso tempo"; em suma, uma enorme carga para "nossa evolução sociológica e estatal". Aplacado o fervor indigenista radical, a serra retornava ao seu "adormecimento histórico". Não mais índios rebeldes à espera de seu Lênin; ao contrário, mais um obstáculo para a construção da nação moderna. A vida política, no entanto, parecia ter ficado congelada na estrutura repressiva de 1932. A partir de 1945 viria uma real abertura política que, por sua vez, seria interrompida por um novo golpe militar apenas três anos após o seu início. Politicamente, os anos 1950 não seriam muito diferentes dos anos 1930: uma governabilidade baseada na exclusão de grandes setores da população e na incorporação segmentada dos setores médios e populares urbanos possibilitada pelos bons preços das exportações nacionais; um Estado que, apesar de sua relativa modernização, continuava coexistindo com o latifúndio e com o "semifeudalismo". Uma "normalidade" que o PAP e o PCP – depois de suas heroicas resistências de outros tempos – haviam terminado por aceitar, concentrando-se, fundamentalmente, em negociar com o Estado melhores condições para suas bases predominantemente urbanas, com a perspectiva de conseguir uma pronta reincorporação à legalidade. De repente, no final da década de 1950, o campo entraria novamente em ação. Os triunfos revolucionários chinês e cubano potencializariam o impacto dessa mobilização, promovendo – como rezava o título de um texto popular de Regis Debray – uma "revolução na revolução". Ou seja, o surgimento de uma "nova esquerda" que, frente à "velha esquerda" comunista, após três décadas de confinamento urbano, retomava o espírito da *nação radical* e da *longa marcha* que sua consecução implicava. A vontade de marchar rumo ao "verdadeiro Peru" definiria a identidade desse novo ciclo esquerdista. Que definitivamente já não eram aquelas "multidões de índios disseminadas no lado oriental da cordilheira" de González Prada.

As tendências para a "massificação" anteriormente referidas só fizeram se aprofundar em meados do século XX, aumentando a pressão *de baixo* sobre as desunidas estruturas oligárquicas e, ao mesmo tempo, sobre os protagonistas da *nação radical*. Dos 4,8 milhões de habitantes dos dias em que Leguía assumiu o poder, a população local passou a 6,2 milhões, segundo o censo de 1940. Por outro lado, como indica Peter F. Klaren, o Peru já não era mais "aquele país esmagadoramente índio dos indigenistas dos anos 1920". Se para Mariátegui havia sido comum se referir aos quatro quintos de população indígena e camponesa de seu país, o censo de 1940 colocava em 46% o percentual da população "índia", enquanto brancos e mestiços somavam quase 53%. O Peru, no entanto, continuava sendo um país predominantemente rural (65%), embora o crescimento do setor urbano (35%) já anunciasse a grande transformação que iria ocorrer. Disso o crescimento populacional de Lima era um testemunho preciso: de 224 mil habitantes em 1920, passou a 645 mil em 1940 e a dois milhões em 1961. Nessas porcentagens aumentadas estavam os estudantes campesinos e os ativistas camponeses que dariam vida àquela tendência observada por Eric Hobsbawm de que, entre os anos 1950 e 1960, uma porcentagem da humanidade sentiu, de repente, que a Idade Média terminava para eles.

Na história da *nação radical*, esta aparece como uma dobradiça imprescindível entre dois momentos fundamentais: o ciclo radical-revolucionário de 1888-1933 e, de outro lado, o ciclo de 1968-1995, formado pelas sucessivas tentativas conduzidas por duas forças antagônicas – os oficiais nacionalistas do general Velasco e os militantes do Sendero Luminoso – de retomar a *longa marcha* dos anos 1920 com o objetivo de realizar sua própria refundação da caduca república crioula. Essa segunda parte, tendo por base a história de dois de seus mais destacados protagonistas – Hugo Blanco e Luis de la Puente Uceda –, examina a trajetória dessa "revolução na revolução".

4. Trotskismo e campesinismo

Por trás da aparente passividade, pela via legal, a luta pela terra foi se reativando através da região serrana, dessa vez mais centrada nos sindicatos camponeses – que reproduziam o formato gremial proletário – do que nas comunidades indígenas. No final dos anos 1950 o departamento de Cuzco emergiu como epicentro agrário. Ali um núcleo de ativistas comunistas – advogados e dirigentes operários – fundou uma federação de trabalhadores que finalmente estenderia sua ação para as zonas rurais, convertendo Cuzco no principal bastião do velho PC no interior do país. Entretanto, um conflito surgido em um dos vales da zona oriental abriria as portas para um questionamento radical da metodologia comunista, que daria início ao processo de falência do monopólio esquerdista que esse partido vinha exercendo desde os anos 1920. Depois da erupção cusquenha, sob a pressão de uma população rural em inédita expansão, no início da década de 1960, a luta pela terra se estenderia através da serra, também evidenciando o nível de decadência do outrora poderoso domínio latifundiário. Com a queda da mortalidade cresce a população rural: de quatro milhões de 1940 para 15 milhões em 1961, criando uma pressão insuportável para um sistema de posse de terra altamente concentrado, no qual setecentos fazendeiros possuíam cerca de um terço dos campos produtivos do país, segundo um estudo que determinou que o peruano era o caso mais extremo de concentração entre 54 países examinados. Por outro lado, 40% da população rural vivia em comunidades que tinham menos de um quarto das terras produtivas. Não foi à toa que, como muitos estudiosos observariam naqueles anos, a serra peruana brilhasse como um vulcão prestes a explodir.

De Buenos Aires a La Convención

Hugo Blanco Galdós era um jovem de língua quéchua originário da província de Paruro, no departamento de Cuzco, filho de um advogado aprista que, no início dos anos 1950, transferiu-se para Buenos Aires com o objetivo de realizar seus estudos universitários. Não se formou em agronomia, como era seu plano, mas se encontrou com o trotskismo. De volta ao Peru, se instalaria na velha capital incaica, onde procuraria iniciar um trabalho político com o proletariado local. Poucas oportunidades teria em uma cidade tradicional onde o reduzido setor operário se encontrava sob forte influência do PC. Desde meados dos anos 1940, algumas facções trotskistas haviam questionado a liderança "revisionista" imposta pelo stalinismo crioulo sobre o movimento operário nacional. O recém-chegado mal conseguiu estabelecer vínculos com um sindicato de vendedores de jornais. Em 1957 seria detido por causa de uma mobilização que paralisou a cidade por vários dias. Aquele incidente mudaria sua vida. Conheceu nessas circunstâncias um grupo de dirigentes camponeses de La Convención – um vale da zona subtropical do departamento –, onde se vivia uma situação excepcional.

A introdução do café havia criado ali uma situação de confronto entre os meios camponês e latifundiário de desenvolvimento capitalista: preços internacionais em alta promoveram uma súbita expansão dos cultivos, e a consequente demanda de mão-de-obra gerou um importante fluxo de migrantes da região serrana. O trabalho a ser realizado era muito duro para pôr em condições de produção as íngremes encostas infestadas de arbustos inexpugnáveis. Os primeiros migrantes – conhecidos como *arrendires* – trabalharam em troca de pequenos lotes de terra para seu próprio sustento. Quando o café – um cultivo de longa maturação – começou a dar seus frutos, houve o conflito. Os fazendeiros pretenderam desalojar os *arrendires*, eles próprios agora convertidos em produtores cafeeiros. Para aumentar mais ainda a sua produção, estes haviam contratado seus próprios trabalhadores, os chamados *allegados*. Coligados, os dois grupos opuseram resistência às pretensões dos proprietários, recorrendo finalmente à Federação dos Trabalhadores de Cuzco em busca de assessoria legal. Entretanto, estes pouco podiam fazer frente a um poder judicial submisso aos proprietários. Nessas circunstâncias, o assassinato de um fazendeiro propiciou a repressão. Ao chegar ao vale, em 1958, levado por seus ex-companheiros de prisão, Blanco perceberia – segundo suas próprias palavras – que "a palha estava seca, pronta para o incêndio".

Terra ou morte!

Ingressar como *allegado* na Hacienda Chaupimayo permitiu-lhe converter-se em membro com voz e voto na federação camponesa da província. Esta tinha oito sindicatos quando ele chegou ao vale, e teria cem quatro anos depois, quando Blanco se converteu em seu secretário-geral, reflexo indubitável de seus dotes de organizador. Em escritos posteriores referiu-se a seus esforços para adaptar seus esquemas trotskistas à realidade convenciana. Concebia o sindicato camponês – que tinha um significado "mais profundo, mais amplo e mais político" do que sua contrapartida urbana – como um "partido revolucionário *sui generis*" que, convenientemente dirigido, podia chegar a ser o embrião de uma situação de "poder dual", um eixo da luta contra o poder local ao qual se somariam todas as tendências políticas que atuavam no campo popular. Sua ênfase na mobilização efetivamente colocou a federação camponesa no centro da vida política da província. "Pelo fato de ser a única organização popular da zona", segundo Blanco, "os comerciantes do mercado e os operários da construção civil" se incorporaram à federação, brindando seu apoio também a outros setores em luta reivindicativa, como os professores. Começaram com marchas e comícios, prosseguiram com paralisações que afetaram toda a província e terminaram não reconhecendo as ordens judiciais de despejo das quais os fazendeiros se valiam para desalojar os *arrendires*. Finalmente, "os juízes já não emitiam ordens de despejo porque sabiam que tais ordens só serviriam para que as pessoas rissem na sua cara". A linha trotskista havia se imposto à linha legalista do PCP.

Tendo o movimento chegado a esse ponto de desenvolvimento, o líder trotskista percebeu que haviam sido abertas ao camponês "as portas do mundo novo, um mundo de liberdade, de independência do regime servil em que ele devia viver para enriquecer o patrão". Depois de ter ingressado "nesse luminoso mundo novo, era difícil se resignar a voltar às trevas". A "greve camponesa" seria o passo seguinte. Após nove meses de paralisação, foi convocada uma assembleia na qual, segundo Blanco, se disse:

> Até hoje pedimos que o fazendeiro falasse conosco e ele não quis fazê-lo. A partir de hoje já não queremos falar com ele, mesmo que ele queira. Hoje termina a greve e se inicia a reforma agrária. A partir deste momento a terra é de quem trabalha nela; o *arrendire* é dono de sua terra e o *allegado* de seu pedaço de chão. Terra ou Morte!

Era o início de uma "reforma agrária" implantada de baixo. Na época, a influência da Federação Provincial havia se estendido para os vales vizinhos, e aqueles que recorriam a ela em busca de apoio recebiam um conselho bastante singular: como o objetivo dos papéis de reclamação "já não era regatear com os patrões", não deviam ser feitas propostas "razoáveis"; como o objetivo agora era buscar um motivo para fazer greve, era preciso pedir "coisas irracionais", inaceitáveis para os patrões. Assim, diante da negativa do patrão, já não se regateava, simplesmente se declarava a greve até que este cedesse. Ao mesmo tempo, em outras províncias de Cuzco e mais além, o fenômeno do sindicalismo agrário ia ganhando força; sobretudo nas zonas alto-andinas do departamento, onde as comunidades indígenas tomavam a iniciativa da criação de sindicatos e federações. A questão da terra deixava de ser um problema provincial.

Ao compasso dos movimentos rurais ia se criando uma situação de ingovernabilidade que a revolução cubana e os consequentes rumores de atividade guerrilheira no Peru estimulavam. Em Lima e em outras cidades do interior, a agitação estudantil despontava. Também na esquerda do PCP apareciam núcleos "vanguardistas" imbuídos de um sentimento de urgência e inevitabilidade. "Pela primeira vez em nossa história republicana" dizia o editorial de um jornal trotskista, "somos testemunhas de uma mobilização de uma extensão e profundidade similares", sobretudo pelo fato de incluir "dezenas de milhares de camponeses". A perspectiva era irrefutável: estava chegando a "revolução agrária". Vistos desse ângulo, que peso podiam ter processos eleitorais que deixavam à margem mais de seis milhões de camponeses? Com sua grande mobilização, o campesinato mostrava a inutilidade do "caminho pacífico para a revolução". E se até agora "debatíamos mil problemas teóricos", a Revolução Cubana proporcionava um "denominador comum", a base para formar um "partido único da esquerda revolucionária". Três décadas de monopólio esquerdista do PC – adscrito na época à política de "coexistência pacífica" da era pós-stalinista – entravam assim em sua etapa final.

Do "poder dual" à reforma agrária

Alarmados pela situação em Cuzco e descontentes com os resultados eleitorais que haviam dado a vitória ao Partido Aprista, em julho de 1962 os militares decidiram interromper uma vez mais o processo democrático. Imediatamente, a Junta Militar fez frente à situação de La Convención promulgando uma lei de reforma agrária especial para essa região. Paralelamente, começou a reprimir as mobilizações na zona alto-andina. Nessas circunstâncias – observaria Blanco –, a resistência devia passar a um novo nível que incluía a "luta armada", o que significava contar com "uma técnica e um plano" que devia provir de um "aparato especializado". A perspectiva era a "autodefesa". Blanco recordava que, para se prepararem, contavam com um folheto de Che e outro do comandante Alberto Bayo – o oficial espanhol que havia servido de instrutor militar para os expedicionários castristas no México –, e com a ajuda de um ex-sargento que ele havia conhecido na prisão de Cuzco. Também pediria apoio ao Secretariado Latino-Americano do Trotskismo Ortodoxo (Slato), cujos ativistas deviam impulsionar uma Frente de

Esquerda Revolucionária que atuaria como ligação entre o trabalho camponês de La Convención e os ativistas urbanos, particularmente da Capital. Entretanto, o núcleo organizado pelos "internacionalistas" caiu em um "desvio putchista" – fundamentalmente assaltos a bancos – que em vez de colaborar com o movimento convenciano, suscitou sua repressão. Blanco teve de passar para a clandestinidade. Em maio de 1963, caiu finalmente nas mãos da polícia.

Alguns meses depois, Fernando Belaúnde Terry, professor universitário que havia feito da reforma agrária sua bandeira de luta, era eleito presidente da República. No próprio dia de sua posse, centenas de comunidades serranas iniciavam a mais ampla onda de tomadas de terra já ocorrida no país desde os anos 1920. Com uma combinação de repressão e concessões, o governo conseguiu apaziguá-las até o início do ano seguinte. Enquanto isso, em La Convención, a aplicação da reforma agrária significava o início do fim do "poder dual" de Blanco, na medida em que *arrendires* e *allegados* rapidamente se acomodaram à ordem legal. Sua vitória abria as portas à contenção de um movimento.

Como o trotskista Blanco em La Convención, outros militantes urbanos relataram o desdobramento desse processo em diversos pontos da região serrana. Eram em sua maioria universitários, e seu descontentamento com o "legalismo" do PCP os havia conduzido a uma linha maoísta que, após o triunfo de 1949 na China e dadas as suas críticas à "desestalinização" de Krushev, aparecia como a verdadeira linha revolucionária. Na verdade, em 1963, coroando um intenso debate interno, o PCP se dividiria em "moscovitas" e "pequineses". Por trás da retórica "internacionalista" subjazia nos militantes antimoscovitas uma sensibilidade campesinista, serranista e radical que lhes predispunha contra o agora denominado PC-*Unidad*, seguindo o costume de identificar as facções esquerdistas pelo nome de seu jornal partidário. Textos escritos por Hugo Blanco na prisão – de onde sairia no início de 1971 – dão alguns indícios dessa dimensão. Segundo ele, tomar a terra era mais que uma reivindicação econômica; significava que o camponês tomara consciência do seu papel na transformação da sociedade, o que não seria possível sem que reavaliasse sua própria cultura. Dizia que àqueles que acreditavam "que esta forma índia de ver a luta é chauvinista, regionalista e oposta ao internacionalismo revolucionário e até mesmo à integridade peruana", responderia que "a única forma de os índios podermos nos incorporar à humanidade é como índios; é a nossa maneira de ser gente". Por isso, "índios revolucionários" como eles consideravam o "indigenismo" como "nosso pai". "Nós" – concluiu – "partimos do ponto ao qual eles haviam chegado, do ponto até o qual nos conduziram pela mão". Nesse sentido, José María Arguedas surgia como seu herói. Ele, segundo Blanco, havia feito os "lutadores" e os "políticos" enxergarem "o grande potencial revolucionário do povo índio", desafiando-os a "impulsionarem essa força" e mostrando-lhes também que a força do movimento indígena não estava no surgimento de "um líder com carisma", mas "nos séculos de opressão", e que o dirigente atrai na medida em que é capaz de libertar essa força material e mental que provém do reencontro do índio com seu próprio potencial.

Essas reflexões sugeriam a subjetividade a partir da qual os esquerdistas serranos, culturalmente identificados com as culturas quéchua e aimará, interrogavam as correntes ideológicas revolucionárias; eram essas as raízes do chamado "carisma" de Blanco, de sua relação prolongada com o campesinato de sua terra natal. Expulso dos programas durante os sombrios anos 1930 a 1950, o discurso da *nação radical* havia retornado ao meio literário, como atestavam os populares textos de escritores como Ciro Alegría, José María Arguedas e, mais tarde, Manuel Scorza, infestados de caciques malvados e índios rebeldes. A mobilização camponesa e os ventos da "revolução continental" fariam dessas imagens as "ficções orientadoras" de uma nova era de fervor radical.

Epílogo: o caminho de Chaupimayo

Como nos anos 1920, em 1960 Cuzco voltava a inflamar a imaginação radical. Dessa vez, não pelos simbolismos incaicos, mas pelo trabalho de organização de um solitário militante que parecia haver resolvido os problemas práticos da *longa marcha* suspensa no ponto a que a haviam levado apristas e comunistas três décadas atrás. Até La Convención chegaria em agosto de 1962 Luis de la Puente Uceda, que de dissidente aprista estava em vias de se converter em comandante guerrilheiro com apoio cubano. Blanco o recebeu com um comício multitudinário na capital convenciana. Entretanto, o encontro nada produziu em termos políticos. Prevaleceu a desconfiança de seus partidários de origens contrapostas; pesaram mais as diferenças culturais e ideológicas do que os objetivos revolucionários comuns. Com toda a sua sedução, o "caminho de Chaupimayo" surgia como mais uma rebelião camponesa aos olhos daqueles que, como Puente Uceda, provinham da grande escola política insurrecional peruana: o aprismo, que definia, portanto, em termos muito diferentes o sentido da *longa marcha* rumo a esse "verdadeiro Peru" do qual o líder trotskista se sentia integrante desde seu nascimento.

5. A "Traição Aprista"

Parente distante do "chefe máximo", militante aprista desde a idade escolar, Luis de la Puente Uceda sofreu aos 16 anos – em 1944 – sua primeira detenção; preso novamente em 1948 durante a tomada da Universidade de Trujillo, seria finalmente deportado em 1953, depois de promover uma greve no vale açucareiro de Chicama. Era, portanto, um produto típico da tradição de luta clandestina e "defensista" desenvolvida durante a primeira "grande perseguição" ao aprismo iniciada em 1932, e que praticamente se prolongaria até 1945. Segundo Karen Sanders, Haya de la Torre, para sobreviver, havia convertido seu país em um "simulacro de nação" – uma confraternidade mística unida pela memória de seus mártires, por sua estrutura de família ampliada e por sua identificação com a liderança do "irmão mais velho" e pela esperança de que, finalmente, os apristas sairiam das "catacumbas" para "salvar o Peru" das garras da oligarquia e do imperialismo. Essa esperança era garantida pela presença do "chefe máximo" na trincheira da luta. No entanto, eventualmente o discurso da "revolução aprista" entraria em colisão com as concessões que a incorporação à legalidade demandava. A "segunda clandestinidade aprista" (1948-1956) seria pontilhada por tentativas de recuperação do aprismo primitivo por parte de setores radicais do PAP frente à posição conciliadora pregada por seu líder. Citando as palavras de Haya em 1932 – "porque a quem quer que se amedronte, chefe ou militante, chamaremos de covarde; e a quem quer que claudique, chefe ou militante, chamaremos de traidor!" –, muitos apristas viram nesse "novo curso" do aprismo indícios indubitáveis de uma traição. Desse apaixonado retorno às origens surgiria o impulso de uma nova tentativa de *longa marcha*.

Das catacumbas à legalidade

O peculiar no aprismo, afirmava Haya em 1932, era o seu propósito de "chegar ao poder para operar a revolução a partir dele, em um sentido de transformação, de evolução, de renovação, mas sujeita sempre aos imperativos e limitações da realidade". Desse modo, "sem ocultar a possibilidade de toda revolução poder implicar ou não violência, em sentido físico ou moral", Haya postulava uma "revolução sem violência". Aludindo ao levante pierolista de 1895, também falava em realizar um "95 sem balas". Todavia, a APRA não podia prescindir de sua imagem insurrecional de 1932. Na medida em que sua proscrição se prolongava, mais dependia dela para sobreviver; para manter sua vigência como bastião da luta antiditatorial, sustentando o mito de um "grande exército civil" subterrâneo, garantia da futura "revolução aprista". Uma longa lista de movimentos, motins, insurreições em colaboração com oficiais militares derivou dessa estratégia, caracterizada, entre outros elementos, por um uso ilimitado e propagandístico da violência. Com seus dirigentes históricos presos ou deportados, a juventude – dirigida pessoalmente por seu chefe e fundador – emergiu como o grande protagonista da clandestinidade.

Haya concebeu diversas organizações para canalizar para os objetivos partidários o espírito de combate da nova geração. A Vanguarda Aprista da Juventude Peruana era uma delas. Suas normas a definiam como "escola do sacrifício, da disciplina e do entusiasmo da juventude aprista organizada militarmente". Daí, então, que um vanguardista fosse "um apóstolo e um soldado" que "não delibera, mas atua", disposto sempre a "dar sua vida se for preciso" pelos "ideais do nosso grande Partido". Heroísmo e entrega eram os valores fundamentais; a covardia e a traição eram considerados como a própria negação de ser aprista.

No final dos anos 1930, no entanto, estava claro que nem o Estado podia destruir a "ameaça" aprista, nem o PAP podia tomar o poder. Nessa altura, Haya apostaria em duas ações táticas que teriam grandes repercussões no perfil doutrinário do aprismo: (a) propiciar uma aproximação com Washington, aproveitando a política de "boa vizinhança" de Roosevelt, para isso substituindo o "anti-imperialismo ianque" primitivo pela fórmula de um "interamericanismo sem império"; e (b) recorrer a um modelo de ação sediciosa baseado na mobilização das "bases apristas" em aliança com militares nacionalistas – e, portanto, em alguma medida oligárquicos – de alta patente. Pretendia com a primeira provocar uma intervenção moral de Washington contra "os tiranos de nossos países" – na perspectiva de uma "frente norte-indo-americana" contra a "internacional negra" fascista – que poderia facilitar a legalização do aprismo; e, com a segunda, contribuir para superar o veto militar ao aprismo ocasionado pelo nunca esclarecido incidente do massacre de oficiais militares na revolução de 1932, que a direita citava constantemente com o objetivo de manter vivo o antiaprismo nos meios castrenses. A oportunidade de sair das catacumbas chegaria no início de 1945, sob a forma de um acordo político com a Frente Democrática Nacional encabeçado pelo advogado centrista José Luis Bustamante y Rivero. Em troca de seu apoio eleitoral, o PAP seria incorporado à legalidade.

Com o início da "transição democrática", o espírito "defensista" dos anos da clandestinidade entrava em compasso de espera. Embora não pudesse apresentar candidatos ao Parlamento, o aprismo teria presença no gabinete ministerial. A perspectiva era de que, depois do sexênio de Bustamante, com seus direitos eleitorais plenamente restabelecidos, a APRA não teria problemas em tomar o poder. Os setores conservadores civis e militares frente àquela ameaçadora possibilidade não demorariam a se mobilizar, pressionando o governo para responder com mão firme ao que consideravam como sendo tentativas apristas de impor sua hegemonia no manejo governamental. O inexperiente mandatário pouco conseguiria fazer para conter a feroz competência que se desencadeou entre os membros da frente governante pouco depois do início do seu governo. Diante da certeza de que por trás dos bastidores atuava a oligarquia – sem representação política explícita desde o desaparecimento do Partido Civil em 1919 –, o PAP, para frustrar a "transição democrática", pôs em guarda suas "equipes de combate". Finalmente, a fórmula de um movimento cívico-militar entrou na agenda aprista. Enquanto os líderes partidários procuravam um general "amigo" para se anteciparem aos golpistas de direita, os setores "defensistas" preparavam planos insurrecionais. Na madrugada de 3 de outubro de 1948, essa mobilização contraditória viria à tona. No porto de Callao, o pessoal da Armada e "defensistas" apristas protagonizaram um levante do qual, aparentemente, os líderes do partido não foram informados. O movimento seria violentamente debelado. Quatro décadas depois, os implicados continuariam dirimindo as responsabilidades. Segundo alguns, a cúpula havia traído as bases. Outros, ao contrário, indicaram um oficial militar de filiação aprista – que, segundo eles, teria atuado "com o total conhecimento do Comitê do Executivo" – como o principal responsável por haver comprometido o partido em um movimento não autorizado. Seja como for, aquele incidente proporcionou a desculpa para o golpe militar liderado pelo general Manuel A. Odría, que, três semanas depois, poria um ponto final na "transição democrática" encabeçada por Bustamante. Para os apristas, iniciava-se uma nova era de perseguição.

A segunda perseguição

Enquanto os líderes saíam para o exílio, seguindo um roteiro conhecido, as bases se prepararam para resistir. Era como uma réplica do que foi vivido em 1932. A diferença viria da decisão surpreendente do chefe aprista de solicitar asilo, no início de 1949, à representação diplomática colombiana em Lima. O que em circunstâncias normais seria um trâmite convencional iria se converter em um incidente diplomático de grande repercussão: cinco anos se passariam até que o governo peruano lhe outorgasse um salvo-conduto. Pela primeira vez desde 1931, o Chefe não estava à frente da organização. Em sua ausência, o debate interno se tornaria incontrolável, até atingir – como declararia Andrés Townsend Escurra – uma desconhecida virulência que colocaria o PAP à beira de uma ruptura. Das responsabilidades pelo frustrado levante de 3 de outubro o debate passou para a crítica da atuação partidária na abertura democrática de 1945-1948 e, por extensão, às mudanças introduzidas por Haya na orientação doutrinária do partido desde o final da década de 1930. O PAP teria traído seus ideais originais? Em torno dessa questão ocorreriam muitas renúncias, em muitos casos de quadros de longa trajetória que, decepcionados, converteram sua velha paixão militante em antiaprismo intransigente, em discurso violento, dirigido sobretudo contra a figura do lendário "companheiro Chefe".

Finalmente, o debate interno se deslocou para os círculos de exilados. Enquanto alguns convocavam para uma confrontação do "revisionismo radicalizante" e dos "cistos filossoviéticos" que brotavam na organização, outros – como Hector Cordero Guevara – criticavam o "reivindicacionismo míope" com que se havia confrontado a abertura de 1945, que deveria ter sido "a etapa de preparação da revolução" no Peru. Segundo ele, o problema estava no abandono dos princípios, na mescla de ecletismo e caudilhismo que a condução mesocrática do aprismo propiciava. Propunha, portanto, "uma reformulação revolucionária" do PAP: retomar o marxismo e os ideais originais, incorporar a classe operária e o campesinato, fundamentalmente indígena, como fatores ativos e conscientes da ação partidária. Exilado em Buenos Aires, Cordero Guevara vinculou-se aos círculos de estudo do marxismo liderados por Silvio Frondizi. Seguindo a pauta das táticas da esquerda argentina contra o peronismo, advogava trabalhar dentro do PAP até esgotar "todas as possibilidades de luta". Em 1957, retornou ao Peru disposto a lutar em prol da consolidação da esquerda aprista. Ali se encontraria com Luis de la Puente, que, no entanto, havia se unido no México ao setor radical do Comitê de Desterrados Apristas. Seus testemunhos expressam a decepção de uma geração formada no "defensismo" e profundamente frustrada com a atuação do PAP na "transição democrática" presidida por Bustamante e Rivero. Agudizavam esses sentimentos os rumores de que estava em andamento um acordo com o ex-presidente Manuel Prado, com vistas às eleições de 1956. Muitos optariam por sair do PAP. O próprio Luis de la

Puente afastou-se do comitê aprista local. Entretanto, em sua passagem pelo México – ao fim de sua longa permanência na embaixada colombiana em Lima –, o Chefe o "mandou chamar" e, depois de lhe passar "um sermão disciplinar", convenceu-o a se reincorporar a esse comitê, embora sem ocupar nenhum cargo. Nessa época, De la Puente estava vinculado a uma espécie de reedição do "Plano do México" de 1928, que, com o respaldo do general Perón e do MIR boliviano, incluía a formação de colunas armadas que entrariam no Peru pelo Equador e pela Bolívia, respectivamente. Inteirado do projeto, Haya teria feito o possível para detê-lo, sem conseguir totalmente. De la Puente e muitos outros acabaram sendo capturados. Entraram no Peru apenas para ver que seus próprios companheiros facilitaram sua detenção. A traição – e as torturas a que De la Puente foi submetido na prisão – deixaria marcas no jovem dirigente.

Com a libertação de Haya, o PAP parecia retornar à normalidade. Suas primeiras declarações sepultaram as esperanças do setor "defensista" de um renascimento do chamado "aprismo primitivo". Em primeiro lugar, foram surpreendidos pelo fato de ele ter escolhido uma revista ianque – a *Life* em espanhol – para se reencontrar com o mundo. Aquela célebre entrevista não se ocuparia nem da ditadura nem do imperialismo. Com 55 anos, o combatente de outros tempos parecia lento e cauteloso. Seu objetivo – como diria Frederick B. Pike – era propor um PAP renovado como modelo de partido democrático alternativo, tanto para os partidos comunistas como para os populismos autoritários de tipo peronista. Para isso, era fundamental recuperar a legalidade perdida em 1948. Segundo Víctor García Toma, em março de 1956, uma Convenção Nacional do partido possibilitou a Ramiro Prialé "formar alianças ou pactos com qualquer força política" a fim de conseguir "a legalidade do partido", mantendo, certamente, "as bandeiras programáticas e ideológicas do aprismo redentor". Em troca de seu apoio eleitoral, os apristas exigiam "o retorno à legalidade, a liberdade de seus presos, o regresso dos deportados, a devolução dos bens confiscados e o respeito aos atos cidadãos". Manuel Prado seria o eleito. Estava em andamento a formação do que os próprios apristas denominariam de "o regime da convivência". Supostamente dependia de uma disciplinada aceitação desse regime que as Forças Armadas e a oligarquia – os grandes inimigos do aprismo – permitissem sua chegada ao poder nas eleições subsequentes, que seriam realizadas em 1962. Nesse contexto, a possibilidade de uma APRA que retomasse o caminho radical estava talvez totalmente afastada.

No início de outubro de 1958, na IV Convenção do PAP, teria lugar o debate adiado desde 1948. Ali, com o respaldo do setor juvenil encabeçado por De la Puente, foi apresentada uma moção que pretendia resgatar o que, a seu ver, era o sentido essencial da história aprista. Nela diziam que as concessões da chamada "convivência" terminariam mudando a própria natureza do partido; segundo eles, o resultado claro da opção de 1956 não era uma transição legítima, mas uma submissão aos interesses da oligarquia. Inclusive, ganhar as eleições de 1962 "pelos caminhos da transição e do convênio" não significaria a morte do movimento? Movimentos históricos como o APRA não teriam um "destino a cumprir"? Sua metamorfose para a "condição de qualquer partido tradicional" – que fazia "do silêncio ou da concessão" um meio para chegar ao poder – era o que os herdeiros do espírito "vanguardista" do aprismo se negavam a aceitar. Uma proposta de "retificação" que demandava democracia interna e a "renúncia imediata de todos os apristas que ocupassem cargos diplomáticos, municipais e políticos" no regime pradista não tinha lugar na fórmula transicional concebida pelos líderes do partido. Na verdade, sua própria proposta os havia expulsado dele.

Sancionado com a expulsão, o núcleo esquerdista constituiu uma "organização autônoma para a realização do ideário aprista" abandonado pelos "atuais dirigentes conviventes", cujo objetivo era a criação de uma "consciência revolucionária para organizar e acelerar o processo da revolução nacional". Autodenominaram-se APRA Rebelde. "Então, te expulsaram?", perguntaria o jornalista Manuel Jesús Orbegoso no início de 1959 a um Luis de la Puente assediado pela asma e pela ansiedade. "Miseráveis", respondeu ele, "não sabem que agora somos mais apristas do que nunca".

Da APRA rebelde ao MIR

Em julho de 1959, De la Puente ainda se mantinha dentro dos limites de uma perspectiva nacionalista radical. Depois de sua prisão em 1955, dedicou-se ao estudo da questão agrária. Em 1957, apresentou como tese de doutorado seu estudo *La reforma del agro peruano*. Tendia aí para uma fórmula de "antifeudalismo realista", equidistante das fórmulas imperialistas e daquelas "intoxicadas de marxismo". Reforma agrária, sim, mas não pelo "caminho revolucionário" – escabroso, violento e de consequências muito duvidosas –, mas como "ato legítimo de promoção do desenvolvimento", executado no "estrito cumprimento da Constituição e das leis", um caminho evolutivo perfeitamente enquadrado dentro do "ideal indo-americanista" expressado pelo aprismo e que, na revolução boliviana de 1952, encontrou sua adequada concreção. Essa era a sua visão por ocasião de sua primeira viagem a Cuba em meados de 1959. Assim informou em um fórum sobre a reforma agrária cubana, onde se pronunciou a favor do respeito à propriedade privada, do "direito a uma parcela" do camponês cubano em benefício de uma transformação com justiça e liberdade. Tais posições – como as expostas no projeto de lei apresentado pelos "apristas rebeldes" em outubro de 1961 – não se distinguiam muito daquelas defendidas pelos novos grupos reformistas que surgiram da luta contra a ditadura de Odría: a Ação Popular, a Democracia Cristã e o Movimento Social Progressista. Durante o período da "convivência apro-pradista" – que, segundo Frederick B. Pike, seria o sexênio mais desperdiçado do século XX peruano –, estes se projetariam como o destaque centro-esquerdista de um PAP cada vez mais conservador.

Em novembro de 1960, com a transformação da APRA Rebelde em Movimento de Esquerda Revolucionária (Movimiento de Izquierda Revolucionaria – MIR), o processo rumo à construção de uma identidade política entrava em sua fase seguinte. Sete meses antes, um inflamado MIR venezuelano havia se pronunciado em defesa do caminho armado. Apontando nessa direção, os peruanos aspiravam superar o "caminho evolucionista" do "compromisso e da componenda" para apontar os movimentos sociais que perturbavam o país. A deserção do PAP também delineava no Peru um cenário de polarização em que "a solução oligarco-imperialista" entraria em choque com a "solução popular, revolucionária" pela definição do impasse já insustentável que prejudicava o desenvolvimento nacional. Uma reforma agrária "radical e profunda" era, nesse sentido, a medida prioritária. Por isso, a organização do campesinato no âmbito nacional era "a tarefa imperativa do momento atual".

Epílogo: dos Andes a Sierra Maestra

A mudança de perspectiva de Luis de la Puente em sua apreciação do problema agrário refletia uma relação cada vez mais intensa com Cuba. Ao contrário do "caminho de Chaupimayo" de Blanco, o projeto "apro-rebelde" passava pelo Caribe. Em julho de 1960, uma delegação da APRA Rebelde viajou até a ilha. Eram meses decisivos para o regime castrista. Na "praça da revolução" em Havana, os peruanos escutaram Fidel vaticinar a transformação da cordilheira dos Andes em uma "Sierra Maestra hemisférica". Nessa ocasião começou a se conceber o plano insurrecional do MIR. Com relação a isso, a "linha oficial" cubana era a formulação guevarista do foco guerrilheiro "como a primeira e fundamental ferramenta da revolução". De la Puente, por sua vez – segundo conta Ricardo Napurí –, achava que a aliança dos apristas rebeldes com a Revolução Cubana se transformaria no "formidável catalisador" de uma rápida crise do PAP – aprisionado em seu pacto daninho com a oligarquia – que permitiria somar "milhares de trabalhadores e jovens ao projeto revolucionário" do MIR. Por isso, as condições peruanas permitiram que se pensasse em um esquema organizativo mais amplo e complexo do que o "foco" guevarista. Era o início de uma discussão entre De la Puente e Che, que se prolongaria ao longo dos dois anos seguintes. Enquanto isso, no Peru, as rebeliões camponesas na serra aceleravam ainda mais o tempo político.

6. O "Gesto Heroico"

Em contraste com o "caminho de Chaupimayo" de Hugo Blanco, a proposta da APRA Rebelde passava por um campo de treinamento no Caribe. Por isso, inevitavelmente, terminaria exposta às tensões da política externa cubana, concentrada em criar "muitos Vietnãs" na América Latina, com o objetivo de ampliar a frente de luta para combater a contrainsurgência orquestrada por Washington. Não menos complicada parecia a frente interna, onde o passado aprista da liderança do MIR era fonte de desconfianças entre as facções trotskistas, guevaristas e maoístas emergentes. A eleição, em 1963, de um governo reformista com apoio significativo também estreitou as condições insurrecionais no Peru. A APRA responderia cruzando um rubicão definitivo: estabelecendo uma aliança com a conservadora União Nacional Odriísta, o movimento liderado pelo perseguidor do aprismo de 1948 a 1956. Apostava assim em matar dois coelhos com uma só cajadada: colocar os restos da direita sob sua autoridade, enquanto bloqueava o programa "filo-aprista" de Fernando Belaúnde Terry. Nos "apristas rebeldes", essa nova e inadmissível "traição" daria o impulso final para pegarem as armas, para recorrerem a um "gesto heroico" que mobilizasse o velho partido, permitindo finalmente o surgimento de uma "esquerda aprista" que assumisse os ideais "primitivos", o espírito dos "mártires" de 1932. Afinal, como havia dito Haya nessa época, "a vontade, e só a vontade, é o leme do nosso destino". Luis de la Puente y Uceda e os seus seguiriam sua palavra.

De Sierra Maestra aos Andes

Em 1962 havia na ilha dois grupos de peruanos que haviam viajado para lá com o objetivo explícito de se prepararem para se unir à "luta pela revolução peruana". Um deles era vinculado ao inflamado MIR; o outro, menor, liderado por Héctor Béjar, cujos membros provinham, em sua maioria, da Juventude Comunista. Um terceiro grupo era integrado por cerca de oitenta bolsistas que haviam chegado a Cuba – segundo expressaram a Fidel Castro em seu primeiro encontro – com o desejo de "aprender com as experiências da Revolução Cubana". Cuba os ajudaria – respondeu o comandante –, contanto que se capacitassem profissionalmente ou se aprofundassem no seu conhecimento da "nossa experiência revolucionária". Depois de uma longa excursão por Sierra Maestra, Fidel confrontaria o grupo com uma pergunta definitiva: profissão ou revolução?

Feito o esclarecimento, os "bolsistas" dispostos a receber treinamento militar foram apresentados aos "apro-rebeldes" e ao grupo de Béjar. O encontro reproduziu os conflitos que impediam a unidade da esquerda no Peru. Pesavam as tradições: por mais críticos que fossem de seus partidos de procedência, apristas e comunistas não se olhavam com bons olhos. Esses últimos levavam ao extremo a lógica antipartidária e de ação direta e, segundo Héctor Béjar, não queriam formar "mais um partido"; sua opção era criar "uma associação livre de revolucionários", uma "equipe militar disciplinada" que fosse o núcleo do "exército revolucionário" de todo o povo, da massa sem partido. Era a única maneira de ir ao fundo do problema, de superar complexos e encurtar distâncias. Somente do "seio das massas" podia surgir o partido. E só um partido em que "revolucionários e explorados" se unissem "em uma só frente" poderia funcionar como uma "autêntica vanguarda" popular. Era a sua maneira de superar a frustração com o inveterado fracionalismo da esquerda local. Os miristas, por sua vez, viam-se como o resto de um partido de grande tradição que se converteria finalmente em seu núcleo reconstitutivo. Viam-se, portanto, como militantes de um projeto maior claramente identificável na história do radicalismo do seu país. Não estavam ali como militantes dispersos que podiam, por vontade própria, subscrever um projeto diferente.

Essas perspectivas diversas se refletiam nas discussões com os cubanos sobre o plano insurrecional. A ausência do líder do MIR nesse debate – pobremente coberta por seu lugar--tenente Gonzalo Fernández Gasco, amplamente considerado por seus contemporâneos mais como um homem de "choque" do que como um ser "pensante" – contribuiria para que o grupo de Béjar, apesar de sua precariedade, passasse a ser a prioridade dos anfitriões. Este se acomodava perfeitamente à impaciência guevarista desse momento, à necessidade cubana de ação imediata para tirar de cima de si a pressão do "cerco imperialista" que os perseguia. A ausência de Luis de la Puente não era voluntária. Sua causa foi um trágico incidente ocorrido na cidade de Trujillo, que consolidaria a ruptura com sua *alma mater* política. Diante de uma suposta agressão de ex-companheiros seus, Luis havia empunhado sua arma para se defender, ocasionando a morte de um de seus atacantes, devendo por isso enfrentar o cárcere do início de 1961 até meados de 1962.

Como projeto de partido que eram, os miristas se viam retornando ao Peru individualmente, para irem se infiltrando em suas "zonas guerrilheiras" depois de haverem assegurado vínculos políticos e o respaldo das massas. Seria um processo paulatino, através do qual se determinaria os lugares mais propícios para a ação militar. Era difícil conciliar essa visão com o grupo de Béjar, que pretendia que "o partido nascesse da massa camponesa e dos densos centros proletários agrícolas, fabris e mineiros; que se confundisse com o povo; que fosse sua criação". Que, consequentemente, imaginava uma coluna guerrilheira entrando pela fronteira da Bolívia com uma organização que seria a reprodução fidedigna do modelo de Che; até o nome – *Exército de Libertação Nacional* – haviam adquirido em Cuba, pois cada um de seus passos até seu destino final dependia em grande medida de seus assessores cubanos, para que quando Luis de la Puente Uceda pudesse retornar a Cuba o inflamado ELN já fosse uma incontestável realidade. Acrescido com membros do grupo dos "bolsistas", com cerca de quarenta combatentes, no segundo semestre de 1963 aquele projeto de foco rumou para a América do Sul. Seu objetivo era alcançar, através da fronteira boliviano-peruana, a zona de La Convención. Trezentos quilômetros de território agreste separavam esse vale da fronteira.

O plano era cruzar o Peru pela província pacenha de Reyes, na zona do planalto boliviano, até Carabaya, departamento de Puno, para depois seguir rumo norte até o departamento de Cuzco. Os cubanos conseguiram o apoio do PC boliviano para montar a operação de traslado. Entretanto, uma vez no terreno, os contatos locais alegaram problemas de segurança na rota original, propondo que se deslocassem para o norte para tentar cruzar a fronteira rumo ao departamento peruano de Madre de Dios. Dali, através da muralha verde amazônica, prosseguiriam até La Convención. As vicissitudes do empreendimento prenunciavam aquelas que cinco anos depois capturariam em outra região desse mesmo país o próprio Ernesto Guevara. O mero traslado dos combatentes levaria três meses até o ponto da fronteira. Quarenta anos depois, Héctor Béjar se perguntaria se os comunistas bolivianos que deveriam facilitar sua passagem para o Peru não estavam, simplesmente, tentando se desfazer deles. Cortada a comunicação com os assessores cubanos devido à "crise dos mísseis", os combatentes do ELN ficaram mais ainda nas mãos do PC local. Quando chegaram à fronteira, optaram por enviar um destacamento avançado composto por oito homens. Sua tarefa era nada menos do que entrar em contato com o movimento de Hugo Blanco e preparar as condições para a entrada do grosso da coluna. Depois de vários dias de caminhada, entraram na localidade de Puerto Maldonado, onde foram detectados. Houve uma breve confrontação. A maioria do grupo conseguiu fugir. Dois ficaram para trás e decidiram se render. O poeta Javier Heraud – figura simbólica dessa primeira tentativa insurgente – caiu abatido nessa oportunidade. Através de ondas curtas, seus companheiros captaram a notícia horas depois. Não restava senão retornar.

Do outro lado da fronteira, a situação política em que o ELN esperava se inserir ia rapidamente se desvanecendo. Em uma rápida reação – com uma mescla de medidas repressivas e cooptativas –, como já se viu, a Junta Militar estabelecida em julho de 1962 havia conseguido conter o movimento camponês; depois disso lançaram, em janeiro de 1963, uma grande operação policial que levou à prisão várias centenas de ativistas de esquerda. Da prisão, algumas semanas mais tarde, Blanco reafirmaria sua distância da "equivocada" linha guerrilheirista: "admirei a valentia dos rapazes de Madre de Dios", disse ele, "mas lamento muito que tanta energia revolucionária tenha sido desperdiçada". Segundo ele, a forma correta de praticar a luta armada devia partir das massas, do sindicato agrário, e não do voluntarismo de um núcleo de forasteiros, ou seja, do "caminho de Chaupimayo".

Luis de la Puente, por sua vez, de volta a Havana pela primeira vez em quase dois anos, defendia perante Che uma pronta partida dos militantes do MIR. Seria testemunha desses diálogos Ricardo Napuri, ex-aprista que havia se inclinado para o trotskismo em seu desterro argentino, e havia sido um dos primeiros esquerdistas peruanos a chegar a Havana depois do triunfo da revolução, onde, por insistência de Che, uniu-se ao MIR. As explicações de Luis sobre a importância da sindicalização rural, o peso das "milhares de comunidades camponesas" e "sua tradição de disciplina interna e de combate" suscitaram dúvidas em Che sobre a aplicabilidade de seu esquema de "foco puro" no caso peruano. Em resumo, havia ali "organizações camponesas concretas" com as quais se deveria fazer um trabalho prévio, pois o camponês – como insistia o líder do MIR – não ia "abandonar suas organizações pelo fato de eu colocá-lo em uma guerrilha". Então, segundo Napurí, "Che compreendeu que deveria 'matizar' sua ideia do foco sabendo que o que se vislumbrava no Peru era muito mais que isso". A tal ponto que, durante algum tempo, considerou que o Peru poderia ser "uma ponta de lança em seu afã internacionalista de exportar a revolução". Então, "muito convincentemente, disse-nos que, se a insurreição fosse 'contida', o teríamos ao nosso lado nas serras peruanas".

Entretanto, o debate não ficou aí, pois o próprio Ricardo Napurí apresentaria uma nova inquietação: se existia "um núcleo comprovado de militantes e ativistas, se restavam ainda relações com o campo, se haviam melhorado os vínculos com os estudantes e com a classe operária", como sustentava De la Puente, então por que não construir o MIR como um partido operário e socialista? Desencadeou-se então, como diria Napurí, "uma discussão decisiva". O foco era "necessariamente contraditório com a existência do partido"? Napurí opinava que não, contanto que a guerrilha se sujeitasse ao partido revolucionário. Assim o demonstravam experiências como a leninista e a maoísta. No entanto, analisando o caso cubano, os miristas afirmavam que "o fator determinante da vitória era a luta guerrilheira". Napurí, por sua vez, enfatizou o aporte crucial do aparato urbano do Movimento 26 de Julho para o triunfo da revolução. Em resumo, a ideia de sujeitar o início da luta armada à construção de uma organização partidária não se acomodava ao temperamento de um grupo insurgente que apostava fundamentalmente que o apoio urbano que a guerrilha requereria para sobreviver viria da juventude aprista, que responderia ao chamado do MIR à luz da evidente "traição" da direção do PAP. Segundo Napurí, a realidade era que não somente o MIR não havia conseguido se constituir "em um polo de atração para a juventude aprista", mas, no mundo camponês, contava apenas com a "influência marginal que o próprio De la Puente tinha devido à sua condição de advogado trabalhista".

Enquanto esperava a decisão cubana com relação ao projeto mirista, De la Puente buscaria inspiração revolucionária no Oriente, chegando a se entrevistar com Mao Tsé-Tung, Ho Chi Minh e Kim Il-Sun. Voltando a Havana, acordou com Che um planejamento tático que consistia em vários focos guerrilheiros apoiados por "um mínimo de partido", que entrariam em ação "o mais breve possível". Convencido de que esse projeto não funcionaria, Napurí escreveu uma carta a Che anunciando-lhe sua renúncia ao MIR. De la Puente, por sua vez, encararia o afastamento de Napurí como uma "conciliação" com o trotskismo.

Um gesto heroico ou um salto no vazio?

Não havia sido propício para a esquerda local o período iniciado pelo golpe militar de julho de 1962. O movimento camponês foi contido, a esquerda foi duramente golpeada e, em julho de 1963 – com o apoio do PC e um inédito respaldo popular –, Fernando Belaúnde Terry foi eleito presidente da República. O arquiteto de 51 anos, misto de tecnocrata e caudilho, desde 1956 fazia campanha através das "aldeias esquecidas" do Peru oferecendo reforma agrária, descentralização, desenvolvimento vial e ajuda técnica para as comunidades: uma verdadeira "conquista do Peru pelos peruanos", que se perfilava como uma fórmula realista de transição pós-oligárquica.

Para a imaginação esquerdista, no entanto, o reformismo de Belaúnde pouco podia representar diante da profunda "crise estrutural" que seu país vivia. Depois de visitar o Peru, "muitos observadores estrangeiros tendem a achar que uma segunda frente revolucionária logo aparecerá em nosso país" – assinalou no final de 1962 Sebastián Salazar Bondy, intelectual moderado vinculado ao MSP. Em oposição à "entreguista" política costeira, o mundo indígena andino aparecia mais uma vez como o "verdadeiro Peru", como o substrato social de um projeto alternativo, revolucionário. Contudo, no início dos anos 1960 essa realidade rural continuava sendo tão desconhecida como nos anos 1920. Na verdade, os textos daquela época – particularmente os célebres *Siete ensayos de interpretación de la realidad peruana*, de José Carlos Mariátegui – continuavam sendo referências fundamentais. O indigenismo literário havia coberto o vazio provendo imagens de um mundo de "senhores feudais" e "servos indígenas" prestes a explodir, o que estimularia a vontade insurrecional dos novos campesinistas. Em resumo, sua apreciação do meio em que esperavam atuar era tão apaixonada como pouco informada.

O trotskista argentino Adolfo Gilly encontrou-se com o líder do MIR em sua última estada em Havana. Anos depois, recordaria que ele "falava com paixão da guerrilha que seu movimento havia começado a organizar no Peru". Com a polêmica sino-soviética a todo vapor, "apoiava sem dúvida a linha de Pequim". Entretanto, preferia "não expressar publicamente suas reservas, para evitar atritos". De la Puente, recordou Gilly, havia chegado ao socialismo "pelo caminho empírico dos cubanos" e, por esse caminho, ia "adiante desde a ruptura com a APRA até sua aplicação concreta na luta armada". Com esse ímpeto prático retornou ao Peru. Em fevereiro de 1964, delineou o cenário que justificava a opção armada: a visão de um país sem saída, com partidos burgueses que só podiam oferecer "traição e ceticismo"; com uma esquerda erroneamente iludida com "os caminhos eleitoreiros e politiqueiros" em que até "imundos traidores" prostituíam a palavra "revolução", enquanto no resto do mundo "a revolução avançava incontrolável". A armadilha do programa reformista de Belaúnde proporcionava as provas da necessidade histórica de uma vanguarda capaz de romper, com as armas em punho, o impasse colonial. E se no Peru a esquerda ainda não havia decidido agir, era porque passava por uma grave "crise de fé".

Belaúnde demorou vários meses para conter a onda de tomadas de terras que havia se iniciado no próprio dia da sua posse. Em 1964, o desafio era aprovar uma lei eficaz de reforma agrária. A isso se oporia a espúria aliança apro-odriísta, configurando um cenário que, aos olhos de Luis de la Puente, propiciava o surgimento de uma esquerda aprista disposta a empreender a *longa marcha*. Em sua opinião, a experiência das recuperações de terras provava que "se os camponeses não se organizarem, se unirem e se armarem, serão massacrados". E que, nessas circunstâncias, "o único poder válido e real é o que se mantém com os fuzis". Em suma, o campesinato requeria "sua própria força armada", cujo embrião não era outro senão a guerrilha. Ela era a chave do seu "esquema insurrecional", que incluía vários focos guerrilheiros protegidos por uma "zona de segurança" que, por sua topografia e vegetação, era virtualmente inacessível. Daí a guerrilha irradiaria sua mensagem, minando gradualmente o "exército mercenário", convencendo seus soldados-camponeses a não atacar seus irmãos da aldeia; libertando, enfim, "todas as potências heroicas das massas".

Já instalado em sua base guerrilheira de Mesa Pelada, na província de La Convención, De la Puente compartilharia com Adolfo Gilly – em uma carta que chegaria ao seu destino quando o líder peruano já houvesse pago sua audácia com a própria vida – sua visão do processo armado prestes a se iniciar: em "curto prazo", as ações guerrilheiras catalisariam "uma revolução agrária, serrana, camponesa", em cujo panorama, dirigidos pelo partido revolucionário, os grupos camponeses invadiriam as terras dos latifúndios "como já o fizeram espontaneamente em 1963 em todo o território". Em um "momento posterior", a "bomba do tempo" seria lançada dos bairros marginais, esses 30% da população de Lima que habitavam aquele "cinturão de ressentimento e miséria que em um dado momento vai apertar". A essa dinâmica se juntariam os estudantes das "16 universidades que há hoje no Peru", 12 das quais estavam "controladas pela esquerda"; juventude esta que se encontrava "muito radicalizada" e cuja "vocação de luta é muito grande". Sintomaticamente, em seguida aos estudantes, o inflamado comandante guerrilheiro acrescentaria: "Eu me esquecia: acho que a classe operária participará posteriormente, primeiro com suas próprias formas de luta e, em um dado momento, diretamente dentro do processo insurrecional". E, nesse rumo, os mineiros seriam "os mais avançados", seguidos pelos "trabalhadores braçais agrícolas da Costa" e, em último lugar, pelos operários fabris.

Era mais que um simples lapso. A prédica do MIR desdenhava não apenas o papel dos partidos "tradicionais", mas a própria política. Ali estava a sua diferença em relação aos outros setores da esquerda local. Um árduo trabalho de massas que deveria incluir "todas as formas de luta" – entre elas a eleitoral – era requerido para consolidar a liderança revolucionária em um meio no qual, como diria o secretário-geral do PCP, Jorge del Prado, os fatores subjetivos caminhavam claramente defasados do desenvolvimento dos fatores objetivos. Na criação das "condições revolucionárias", replicavam os miristas, em uma declaração em que ressoava o legado gonzalezpradista, "nos abstemos de entrar nesse jogo corrompido e corruptor e preferimos nos identificar com esse profundo e alentador repúdio que o povo expressa quando diz que a política é uma sujeira". Seja como for, o Partido da Revolução Peruana surgiria da luta. Não havia retrocesso possível. Se não quisesse "perder o trem da História", não havia ao resto da esquerda alternativa senão "assumir o seu papel".

Na verdade, as objeções não vinham apenas de fora da organização. Aprovar o esquema insurrecional significou uma nova cisão dentro do próprio MIR, pois nem todos compartilhavam da visão de Luis de la Puente de um cenário com uma única saída de cunho insurrecional. Assim, quando em março de 1964 se decidiu "partir para a captura do poder pela via armada", essa proposta devia se impor àquela de Carlos Malpica, que afirmava que o caminho deveria ser "lutar pela construção do partido", e à de Héctor Cordero Guevara, que defendia uma combinação de luta armada e luta eleitoral.

Convertida na "serra" da versão peruana da revolução castrista, quanto o MIR podia esperar da "planície" local? Ricardo Gadea foi encarregado de estabelecer contato com a esquerda da Capital. Não conseguiu muita coisa. Dos "moscovitas" do PCP recebeu "uma cautelosa solidariedade", oferecendo-lhe "formas mínimas de respaldo prático, abrindo-nos alguns vínculos com partidos do campo socialista, por exemplo". Com a "facção pequinesa" foi uma reunião difícil, pois esta acusava os miristas de estarem pressionando sua gente para se incorporar à guerrilha. A principal acusação era a de que ignoravam o papel histórico do PCP. Em geral, concluiria Gadea, prevaleciam entre os comunistas os preconceitos provenientes da "nossa procedência aprista". Ele encontrou maior disposição de apoio entre os trotskistas, que, afinal, tinham pouco a oferecer. Entretanto, nada disso podia desalentar aqueles que, segundo o mesmo testemunho, "acreditávamos que nossas capacidades militares seriam suficientes para iniciar um processo similar ao cubano". Refletindo essa falsa segurança, não só não agiram para evitar a infiltração, mas seus dirigentes comentaram publicamente seus planos, o esquema tático e até mesmo a possível localização de suas zonas guerrilheiras. Com relação a isso – como reconheceria Ricardo Gadea anos depois –, havia um grave problema de fundo:

> Sobre o planejamento das ações, carecíamos de informações ou reflexão específica. Nenhum de nós era um combatente experimentado, e não contávamos com nenhum militar de verdade, nem estrangeiro nem peruano. Sobre as Forças Armadas, nunca se analisou que os Estados Unidos haviam adotado uma linha contra a subversão continental e estavam treinando quadros do exército peruano; também não sabíamos que o Peru era o segundo país em número de oficiais treinados na Escola das Américas. Jamais se trabalhou esse aspecto sistematicamente. Por isso, ninguém se deteve para calcular as enormes fragilidades desse plano. Nas comunicações, por exemplo, estávamos separados por imensas distâncias. Dos cinco ou seis núcleos que foram originalmente planejados, apenas dois chegaram a ter uma conformação real. Outro ficou pela metade. Estávamos a centenas de quilômetros de distância, e a única comunicação era um sistema de mensageiros que passavam por Lima. Não tínhamos como estabelecer essa relação direta. Se tivéssemos contado com equipamentos de rádio, teríamos podido evitar muitíssimos erros. Houve uma supervalorização de nossas capacidades políticas – contou-se como certo que a militar era uma atitude heroica.

A resposta do "comandante" De la Puente a um questionário que a revista *Caretas* lhe enviou reflete o estado de ânimo em que esses homens – nenhuma mulher integrava a força guerrilheira – partiram para o combate. As perguntas incidem nos pontos críticos da experiência armada. Que possibilidade vocês têm de "ampliar sua ação" partindo de um "setor tão remoto"? Como ter êxito em uma zona como o vale de La Convención com "os efetivos apreciáveis com que conta o Exército" nessa zona e "todos os trabalhos que ali vem realizando a força armada"? Tendo em vista que esse vale se conecta com o resto do país através de um desfiladeiro, as Forças Armadas não poderiam acuá-los ali com facilidade?

O chefe do MIR respondeu enfatizando a flexibilidade da guerrilha: há caminhos de ferradura através dos quais caminhamos "a qualquer hora, com qualquer clima e em qualquer direção". Talvez um levante militar ou um motim – continuava o líder trujillano – pudesse ser "acuado", mas não uma revolução. Por isso não lhes preocupava os efetivos do Exército, dos Rangers, da Polícia ou dos Corpos da Paz se o que estava em curso sob a direção do MIR era um "fato social, um sentimento de rebeldia coletiva, uma bandeira ideológica", eventos impossíveis de serem acuados, "qualquer que fosse o número de efetivos das forças repressivas". Por algum motivo, acrescentou, nossa "zona guerrilheira" se chama "Ilarec Ch'asca" ou "Estrela do Amanhecer", centro orientador de consciências, anúncio do novo dia. Dada a sua precariedade material e logística, da sua "fé no povo e na revolução" dependia, em última instância, a vitória desta última.

Uma pergunta final incidiria no problema de identidade que o movimento revelava. Para além da retórica, o seu não é mais um "gesto desesperado" do que o início de "um processo real e coerente rumo a um Peru melhor"? "Não somos revolucionários por acaso", respondeu o trujillano, recordando nessa hora crítica sua trajetória aprista, remontando-se a 1954, à sua entrada clandestina no Peru "vindo de nosso desterro no México". "Se não houvéssemos sido consequentes com nossos princípios", continuou "estaríamos no Parlamento ou em qualquer posição de poder". No entanto, ao mesmo tempo, o MIR era "algo completamente novo dentro da esquerda peruana", porque "a nossa direção é jovem, não contaminada, decidida e consequente", como demonstrava o fato de "terem abandonado os métodos clássicos que desprestigiaram e contribuíram para a desintegração de muitos partidos de esquerda". Velho e novo, aprista e esquerdista, o próprio enfoque político da insurreição vacilava às vésperas da rendição final.

Em maio de 1964, De la Puente teve uma entrevista com o ministro do governo – responsável pela repressão do movimento camponês infligida no início do ano –, a quem propôs que, diante da obstrução do bloco apro-odriísta no Parlamento, o presidente Belaúnde deveria "dissolver" esse organismo e "convocar um plebiscito nacional para romper esse círculo vicioso", denunciando os obstrucionistas "perante o público em um comício que seria gigantesco e histórico". Continuar com a passividade – advertiu o revolucionário ao chefe da polícia do regime – "estava amadurecendo as condições para a luta armada no país". Um ano depois, estando já nas montanhas, as "ordens imediatas" do MIR continuavam sugerindo a possibilidade de uma saída política para a insurreição:

1. Dissolução imediata do Parlamento.
2. Anistia geral e punição de todos os responsáveis civis ou militares pelos massacres contra o povo.
3. Reforma agrária autêntica, sem exceções de nenhum tipo.
4. Salário vital-familiar e móvel de acordo com o custo de vida.
5. Reforma urbana.
6. Recuperação imediata do petróleo peruano e denúncia dos contratos com empresas imperialistas sobre nossas riquezas.
7. Recuperação da plena soberania nacional.

O Parlamento – o bastião da oligarquia e de seus aliados apristas –, não o Executivo encabeçado por Belaúnde Terry, aparecia nesse momento como o alvo do MIR. O destino da guerrilha, no entanto, estava a essa altura definido. Em dezembro de 1964 haviam acordado que, a partir de então, se fossem detectados, deveriam se defender, impedir sua captura. Em abril seguinte, em uma reunião realizada em Ica, a base do sul informou que um destacamento de cerca de duzentos policiais havia entrado na área de Mesa Pelada, "interrogando camponeses, mostrando uma foto de Luis de la Puente e pedindo informações sobre ele". A direção local concordou em "montar uma emboscada nesse ponto e iniciar as ações". Para isso, solicitava o respaldo das outras bases. O delegado do comitê regional do centro – a guerrilha Túpac Amaru – voltou para sua base com esse acordo na mão. "Não voltaríamos mais a nos comunicar", recorda Gadea. Entretanto, ao voltar a Mesa Pelada, comprovou que a situação de emergência ali havia se atenuado e que o campesinato havia retomado o trabalho. A polícia havia se retirado antes de chegar ao ponto da emboscada. "Certo dia, na hora do desjejum, nos inteiramos pelo rádio que haviam começado no centro sua série de operações. Foi uma situação terrível."

Eram os primeiros dias de junho de 1965. No Parlamento, a coalizão apro-odriísta demandava severidade, enquanto se autorizava a emissão de "bônus em defesa da soberania nacional" para apoiar o fim da manifestação insurgente. No final do mês teve lugar a "batalha de Yahuarina". Nove policiais mortos, entre eles um oficial. O governo ordenou ao Comando Conjunto das Forças Armadas que se encarregasse da situação. No fim de setembro, pressionado pelo início inesperado das ações, o ELN reconstituído de Héctor Béjar entrou em ação, executando dois latifundiários na serra de Ayacucho; durante mais algumas semanas atuariam na zona oriental deste departamento, no limite com Cuzco. Em outubro, o cerco militar em torno da base de Mesa Pelada rendeu seus frutos. Com a morte de Luis de la Puente, o movimento ficou sem direção. Em Lima, Ricardo Galdea escapou da morte, mas não da prisão. No norte, a frente encabeçada por Gonzalo Fernández Gasco não entrou em combate, optando por se dispersar. No início de janeiro de 1966, com a queda de Guillermo Lobatón, o *gesto heroico* do MIR ficava totalmente debelado. Algumas explosões de dinamite tentaram fazer ressoar na Capital o início da luta armada. "Até os mais céticos da esquerda", escreveria Ricardo Letts, "se alinharam momentaneamente, com admiração e respeito." Entretanto, não se produziram atos maciços de respaldo aos rebeldes: "o país parecia aniquilado".

Epílogo: nova esquerda?

Em termos objetivos, haviam-se imaginado como o elemento subjetivo em uma situação definidamente revolucionária. O caminho escolhido, no entanto, os empurrou para o mais completo isolamento. Já no monte, poucas semanas antes de seu combate final, De la Puente escreveria: "Este país talvez seja o mais contraditório da América Latina". Entretanto, quanto maior a complexidade, maior a fé em que a força do povo atenderia ao chamado insurrecional. Como dizia um velho lema de sua *alma mater* política: "Quanto mais calúnia, mais aprismo!". Era esse o próprio etos do projeto guerrilheiro: nada senão a insurreição podia desencadear as forças capazes de varrer a dominação oligárquica e o consequente colonialismo interno. Conhecedor de primeira mão do processo do MIR, velho amigo do novo comandante mirista, Roger Mercado conversou com ele pouco antes de sua partida para Mesa Pelada. Concluiu que este superestimava "a capacidade do MIR para conseguir, com seu gesto heroico, a unidade indispensável para a vitória", sugerindo que o seu amigo tinha consciência de que o sentido fundamental de sua grave decisão era reivindicar para o movimento revolucionário "a consequência e a dignidade tão menosprezadas". Segundo Mercado, aquele imperativo moral era motivo por demais suficiente para quem, como líder político, aparecia como "o vínculo com as tradições insurrecionais da APRA e, por extensão, dos caudilhos civis do século XIX."

Para o futuro, por outro lado, o "gesto heroico" deixava aberto o caminho para uma esquerda supostamente "nova" em contraste com a velha esquerda aprista e comunista. Nova, talvez, porque – como nos anos 1920 – apelava para a juventude, e que, no entanto, como aquela, estava marcada por: (a) a divisão, como atestava o fato de que, como recordaria Héctor Béjar, uma tentativa tardia de "coordenação" entre o ELN e o MIR, um acordo "puramente propagandístico, limitado e portanto fictício", não evitaria que seus homens combatessem "contra o mesmo inimigo, ignorando que teria bastado caminharem uns dez dias para se encontrarem"; (b) a pobreza teórica e de informações sobre a vida camponesa em particular, vazio em geral compensado com ideologia e seguimento acrítico de modelos estrangeiros; (c) um certo sentido messiânico, que fazia com que, a cada ganho, sentissem-se embriões de uma nova direção revolucionária.

Em termos propriamente militares, Béjar também teria a oportunidade de tirar conclusões que anos depois outros rebeldes analisariam com particular atenção: pela própria natureza do cenário em que atuavam, todas as frentes guerrilheiras se viram obrigadas a "se retirar para as zonas selváticas do oriente peruano". Embora estas fossem certamente as mais seguras "do ponto de vista militar", não o eram do ponto de vista político, porque contavam com uma "população mínima". Tradicionalmente, guerrilheiros e *montoneros* haviam operado nas serras andinas. Era preciso voltar por esse caminho. Para obter êxito, os futuros "rebeldes" teriam que aprender a combater ali. E, mais importante ainda, deveriam se preocupar em "formar partido", assegurando-se de que os camponeses tivessem uma "intervenção suficiente na direção da luta", e de que estas não fossem meras "direções fictícias" que impedissem a promoção de "quadros revolucionários nascidos do próprio povo".

Entretanto, além de seus erros políticos e militares, no terreno dos símbolos a falida tentativa mirista deixava uma marca profunda: a memória de um "gesto heroico" que, para a emergente "nova esquerda", seria um referente identitário fundamental.

Terceira Parte

Da revolução militar à guerra senderista

Em menos de cinco anos, entre o final dos anos 1950 e início dos 1960, a mobilização camponesa deu o golpe mortal na ordem latifundiária tradicional. Ao longo da serra, os velhos fazendeiros – já castigados por uma política agrária que lhes era adversa – dividiam propriedades, vendendo ou presenteando pedaços de suas possessões. Embora tenha contido a onda camponesa, a Lei de Reforma Agrária promulgada por Belaúnde Terry não conseguiu reordenar o campo. Embora tenha posto fim à servidão e a outras formas extremas de exploração, deixava vigentes – sob diversos pretextos – partes significativas do velho sistema, incluindo as plantações açucareiras costeiras, as grandes negociações de gado do planalto andino e todas aquelas fazendas que puderam demonstrar uma administração eficiente de seus recursos. Por outro lado, uma difusa hegemonia camponesa se impunha em amplas zonas do Peru rural, ficando as fazendas sobreviventes submetidas a um intenso assédio, tanto externo como interno, como resultado da pressão das comunidades circundantes e das reclamações de seus próprios trabalhadores. Um pilar histórico do sistema político nacional ficava com isso removido, abrindo-se assim a luta em torno de como enfrentar esse vazio estratégico. Na questão agrária, como em todas as dimensões sociais do Peru naquela época, era possível sentir os efeitos de uma "grande transformação" da sociedade peruana, cujas raízes estavam na aceleração da revolução demográfica que o censo de 1940 insinuava. Dessa época até 1981, a população triplicou: os 6 milhões e 207 mil habitantes da época converteram-se em pouco mais de 17 milhões, revertendo-se também a distribuição da população: 65% eram agora urbanos, e 35% rurais. Uma década depois, a primeira parcela chegava a 70%, e a segunda diminuía para 30%. E, nesse período, a primazia costeira se impôs sobre esse país em que a serra havia sido a coluna vertebral ou o eixo histórico. Em favor da serra, 62% a 25% – era essa a proporção em 1940. Em favor da costa, 53% a 36% – era a proporção em 1990. No entanto, a população da região amazônica se manteve entre 13% e 11%. E com isso Lima se convertia em uma megalópole desproporcional em que viviam mais de 30% dos peruanos, e que concentrava 58% de todos os habitantes urbanos do país. As migrações internas destruíam a dualidade sociocultural histórica peruana, enquanto a região serrana deixava de ser, em benefício da costa, a mais povoada do país. Entre 1961 e 1971, a população urbana superou pela primeira vez a rural. E se, durante décadas, havia-se falado em "assimilar" o índio à nacionalidade, agora, como produto das migrações, a cultura andina – por séculos confinada à região serrana – começa a se estender para as áreas urbanas costeiras e para os vales da região amazônica. Um país novo começava a surgir. Que explodia, no entanto, com uma ordem excludente confirmada pela renda nacional menos bem distribuída da América Latina: em 1961, segundo Richard Webb, enquanto 5% detinham quase 40% da receita total, os 40% mais pobres concentravam 8% da renda. Em tais condições, a mencionada efervescência assumiria a forma – nas palavras de José Matos Mar – de uma "exaltação popular" que poria em crise "as pautas institucionais" que haviam direcionado a República peruana desde sua constituição. Podia-se dizer que o "verdadeiro Peru" havia se deslocado para o centro do sistema. Três projetos de diferentes importâncias e envergaduras tentariam, de 1968 em diante, dar curso a esse vasto fermento social: (a) a "revolução militar" do general Velasco, da qual a Junta Militar de Governo de 1962 havia sido seu ensaio geral; (b) a chamada "nova esquerda", que recolhendo o legado de Luis de la Puente Uceda procuraria retomar o caminho insurrecional no contexto das novas condições criadas justamente pelo projeto velasquista; e (c) o senderismo maoísta, que optava por levar a lógica da *longa marcha* andina até suas últimas – e trágicas – consequências. A parte final deste trabalho está dedicada ao exame desses projetos.

7. Povo e Força Armada

Em 13 de outubro de 1968, as Forças Armadas tomaram o poder no Peru. Exatamente vinte anos haviam se passado desde o fracassado movimento insurrecional aprista em Callao. Duas décadas durante as quais nem civis nem militares – que haviam governado por onze e nove anos, respectivamente – haviam chegado a confrontar os problemas de fundo da sociedade peruana, o agrário em particular, em que, como diversos analistas coincidiam em assinalar, iam se configurando as condições propícias para uma explosão social. Para os militares peruanos, as guerrilhas do MIR e do ELN foram o grande chamado de alerta. Singularmente, em uma região latino-americana dominada por ditaduras militares anticomunistas e pró-norte-americanas, elas fariam sua própria leitura da Doutrina da Segurança Nacional distribuída por Washington. Nesse caso, o propósito contrainsurgente assumiria a forma de uma revolução singular vinda "de cima", que, como diria seu próprio líder, destruiria a "dominação tradicional", abrindo para o povo peruano "o caminho da sua verdadeira redenção social". Seja como for, a "revolução velasquista teria um início espetacular: tropas aerotransportadas tomaram os largamente disputados campos petrolíferos de Talara, controlados por uma empresa norte-americana; em plena Guerra Fria abriram-se as relações com o bloco socialista; e um ano antes da tomada do poder, a grande propriedade agrária ficava liquidada por decreto governamental como ponto de partida para a que seria considerada como a mais radical reforma agrária aplicada na América Latina depois da cubana. O Peru seria um país diferente quando os militares voltassem a seus quartéis doze anos depois. Através da obra de um de seus principais protagonistas – o sociólogo Carlos Delgado Olivera –, este capítulo esboça a trajetória do que alguns estudiosos denominariam de um caso de "nasserismo" latino-americano.

A VANGUARDA MILITAR

A ideia de vincular a segurança ao desenvolvimento socioeconômico estava presente na visão dos militares peruanos desde os anos posteriores à Segunda Guerra Mundial, quando o processo de profissionalização castrense iniciado com o século entrou em sua fase de maturação. Duas décadas seriam necessárias para que essas formulações – que atribuíam um papel protagonista às Forças Armadas no processo de construção nacional – alcançassem expressão prática. A Junta Militar de 1962 foi o ensaio geral; o "fracasso dos civis" em organizar uma efetiva "transição pós-oligárquica" – simbolizado pelo falido reformismo belaundista e pela "direitização" da APRA – proporcionou coesão ao núcleo golpista; a revolta guerrilheira de 1965 finalmente atuou como catalisadora. O projeto velasquista se originou precisamente de um punhado de oficiais do Serviço Nacional de Inteligência com ativa participação na rendição dos insurgentes. Eliminaram os subversivos – de maneira brutal, certamente –, mas refletiram sobre suas motivações, compreendendo que, dadas as condições de abandono e injustiça prevalecentes no país, novas tentativas armadas poderiam surgir a qualquer momento. Encontrariam no general Juan Velasco seu líder e figura simbólica.

Como a "pátria nova" leguiísta, a "revolução velasquista" recorreria a intelectuais de esquerda para articular sua proposta. Com sua ajuda, a preocupação geopolítica dos oficiais "revolucionários" adquiriria legitimidade história e projeção política, constituindo-se assim uma vanguarda militar-civil que se arrogaria, temporariamente, a representação do conjunto das Forças Armadas com o objetivo de aplica, nas palavras de Hugo Neira, "as reformas que haviam preconizado todas as vanguardas políticas sem chegar a realizá-las". Nesse sentido, as instituições militares assumiram uma liderança política que, segundo Carlos

Delgado Olivera, o mais importante dos assessores civis do regime, outros haviam abandonado. Assim, diante da "claudicação dos partidos políticos de base popular" – e confrontado com "a inadiável necessidade de transformações estruturais" –, o Exército ficava como a "única instituição capaz de empreender uma ação revolucionária no Peru".

Delgado Olivera falava por experiência própria. Provinha da mesma tradição "defensista" aprista que seu contemporâneo Luis de la Puente Uceda. Contudo, ao contrário deste, Delgado permaneceu no PAP durante os anos incertos da "convivência" apropradista, afastando-se logo no início do pacto do aprismo com o odriísmo. À sua proximidade com o general Velasco podia-se atribuir os ecos hayistas do discurso velasquista: o tom messiânico, a pretensão de ser um processo atípico, autônomo, aberto, equidistante tanto do capitalismo como do comunismo, a recusa de seus críticos de esquerda tachando-os de "colonos mentais" cuja "dependência ideológica" do exterior os impedia de compreender "um fenômeno radicalmente novo". Além disso, em termos do modelo socioeconômico, o Estado velasquista aparecia como uma reprodução do "Estado anti-imperialista" delineado pelo "companheiro chefe" quatro décadas atrás. Entretanto, em uma postura crítica, Delgado não se referia a Haya, mas a Mariátegui: a eliminação do latifúndio, definida pela *Amauta* "há quase cinquenta anos como a tarefa essencial da revolução no Peru, país fundamentalmente agrário". Em um país de "maiorias rurais", observaria o assessor velasquista, uma reforma agrária não podia ser entendida como uma "reforma puramente setorial", mas, em essência, como "uma alteração muito profunda da totalidade do universo social". Por isso, "o destino da revolução dependia em grande parte do curso seguido pelo processo de mudanças na área rural", da própria possibilidade de que o processo liderado por Velasco alcançasse "seu significado mais profundamente revolucionário".

A esses elementos provenientes da agenda radical dos anos 1920 se somaram aportes das tradições libertária, socialista e cristã para produzir "uma nova conceituação político-social", cuja finalidade era "edificar uma democracia social de participação plena". Suas principais características seriam: (a) constituir uma "ordem moral de solidariedade e não de individualismo"; (b) basear-se em uma "economia fundamentalmente autogestora", na qual os meios de produção estavam sob o "controle direto daqueles que geravam riqueza com seu trabalho"; e (c) gerar uma ordem política em que "o poder de decisão" estivesse nas mãos de "instituições sociais, econômicas e políticas, conduzidas sem intermediação ou com o mínimo dela, pelos homens e mulheres que as formem". Para concretizar esse tipo de utopia velasquista, a questão fundamental a ser resolvida era como organizar os "de baixo" a partir de uma revolução "de cima", sem cair no repudiado modelo do partido político tradicional.

O desafio da participação

Em 1970, concluída uma primeira instância de "legitimação", a revolução velasquista entrava em sua fase de "desdobramento e expansão". Depois de pôr em andamento as reformas fundamentais – agrária, industrial e educacional – o regime procederia à nacionalização da pesca, da mineração, da produção de petróleo, dos bancos e, finalmente, dos meios de comunicação. Ficava por resolver "o principal problema político da revolução": o processo de promover a transferência para o povo das novas estruturas aí criadas. Dessa história singular, o próprio Delgado seria o principal protagonista.

Em contraposição àqueles que defendiam a criação de um partido político velasquista, "participacionistas" como Delgado Olivera apostavam em uma solução "inteiramente nova", delineando para isso "mecanismos reais de participação" que, a partir dos "próprios fundamentos do trabalho político local e cotidiano", ascendessem "até os níveis superestruturais do político". Para cumprir esse papel, projetaram o Sistema Nacional de Mobilização Social (Sinamos). Ele estava concebido como uma agência estatal de "vida transitória" cuja missão era estimular o surgimento das organizações populares sem concentrar em si mesma "poder de decisão", mas gerando um processo em cujo desenvolvimento – segundo o ex-chefe do ELN, Héctor Béjar, incorporado ao núcleo "participacionista" após sua saída da prisão em 1970 – as massas descobririam mecanismos de "autogoverno", formas de organização e vias de capacitação "diferentes e criativas", e ao mesmo tempo resgatariam as "tradições de participação do povo peruano" para adequá-las às necessidades da nação moderna. Com um general do exército no comando, Delgado Olivera – seu principal arquiteto –, Béjar era o segundo homem.

Depois de absorver uma série de agências sociais criadas durante a década anterior, contando com o aval do próprio presidente da República, o Sinamos converteu-se em um "organismo poderoso", que cumpria seus objetivos – como diria Hugo Neira – marchando à "batida de tambor", ao ritmo de uma "operação de guerra". Por isso recebeu o nome de "La aplanadora". Começando pela organização dos beneficiários das reformas governamentais, iria se converter no grande catalisador da prometida "sociedade de participação plena". Os bairros pobres ou "cinturões de miséria" urbanos – rebatizados como *pueblos jóvenes* –, o proletariado fabril e, sobretudo, a sociedade rural foram seus objetivos principais. Assim, juntamente com a reforma agrária, seria criada uma rede de organizações que, partindo das Ligas Agrárias provinciais e seguindo com as federações provinciais, culminaria na Confederação Nacional Agrária, inaugurada em 1974 com uma assembleia realizada no desabitado prédio do Congresso da República. No nível departamental, no caso do departamento de Cuzco já desde 1972, os promotores velasquistas conseguiram formar uma rede de ligas agrárias – denominadas com nomes de incas ou líderes indígenas antigos e recentes – centralizadas em um organismo departamental: a Federação Agrária Revolucionária Túpac Amaru II. No início de 1975, segundo a informação oficial, pouco mais de 90% da população camponesa do departamento se encontrava afiliada a essa nova instituição, absorvendo assim a grande maioria dos sindicados agrários nascidos no calor das tomadas de terras do início dos anos 1960. Participar dessa rede institucional significava ter acesso a uma série de vantagens: facilidades para obter reconhecimento oficial como comunidade, assessoramento no planejamento de empresas comunais ou na solução de problemas de terras etc. Eficácia similar podia ser observada no departamento vizinho de Puno. Ali, no entanto, novas e velhas comunidades seriam preteridas na divisão da terra, que iria parar maciçamente nas mãos das novas "empresas associativas" cujos funcionários terminariam reproduzindo a conduta dos antigos fazendeiros. Situação similar ocorreu em outras zonas ganadeiras do planalto andino através do país.

Assim, "desaparecidos" os partidos, com toda a iniciativa do seu lado e tendo a seu serviço o mais poderoso aparato estatal na história republicana, o velasquismo varria o país, encontrando no entanto em seu caminho alguns obstáculos que, em perspectiva, determinariam seu emaranhamento: (a) nas palavras de Delgado Olivera, o problema de "como estruturar, tendo como base o pessoal de organismos de orientação tipicamente conservadora, uma instituição de finalidade revolucionária"; (b) a desconfiança e a resistência das organizações populares exacerbadas pelo desdém dos teóricos velasquistas por aqueles que não estavam "em condições de aprender" a "nova conceituação ideopolítica" que o Sinamos representava; (c) a contradição derivada da necessidade do sistema de recrutar ativistas e militantes de filiação "revolucionária" e a permanente necessidade de marcar os parâmetros do "processo", criando-se, em consequência, o fenômeno da "infiltração" ultraesquerdista constantemente denunciado pelos líderes do processo; (d) a contradição entre os chefes militares do sistema e os assessores civis com respeito aos tempos, conteúdos e alcances do processo, assim como a definição dos "inimigos da revolução"; em virtude da rigidez da sua formação, os militares terminariam vendo "infiltrados" e "sabotadores" em toda parte; e (e) as contradições entre aqueles que postulavam a necessidade de uma "organização da revolução" ou que promoviam agremiações como o Partido Comunista "Unidad" – que havia declarado seu "apoio crítico" ao processo – como herdeiros da revolução, e o núcleo participacionista que advertia, segundo Carlos Delgado Olivera, contra a "tentação" de se cair na "viciada realidade de um partido político tradicional como "poder intermediador e expropriador" da vontade popular.

A essa complexa situação o Sinamos responderia promovendo um "intenso trabalho reeducativo", inspirado na "pedagogia do oprimido" de Paulo Freire e traduzido em uma multiplicidade de eventos de "conscientização" e "capacitação". os problemas eram particularmente agudos na área rural. Ali a reforma agrária havia se iniciado a todo vapor; tomando, *manu militari*, as fazendas açucareiras da costa norte – consideradas a coluna vertebral da ordem oligárquica –, onde o modelo cooperativo seria imposto de imediato. Na serra, no entanto, o processo se depararia com uma situação, segundo Delgado Olivera, de "alta complexidade", pois suscitava "difíceis e múltiplos problemas psicossociais relacionados ao mundo valorativo e aos tipos de conduta próprios da sociedade camponesa".

O subdiretor do Sinamos reconheceria que muitos anos transcorreriam "até que a nova sociedade camponesa finque suas raízes e substitua plenamente a ordem econômico-social do passado". Enganada por "ultraesquerdistas" de um lado e pelos remanescentes do caciquismo de outro, era "inteiramente lógico" que a participação sofresse ali "toda sorte de entraves e frustrações". Provinha o impasse de um problema básico: os mundos e fundos que haviam sido prometidos às comunidades camponesas. No entanto, na hora da verdade, os planejadores agrários compreenderam que uma entrega maciça de terras a essas entidades era simplesmente inviável. Como alternativa, conceberam uma série de esquemas de "adjudicação mista" de tipo transitório que desse tempo para se conseguir o amadurecimento do setor comunal. A criação dessas "empresas associativas", que em muitos casos se assemelhavam muito às antigas fazendas, causaria confusão e amargura. Depois do *blitzkrieg* agrário do Leviatã velasquista, simbolicamente presidido pela imagem do índio rebelde Túpac Amaru – e seu suposto lema "o patrão não comerá mais de sua pobreza" – sobreviria uma frustração aumentada que talvez tenha sido a semente da violência da década seguinte.

Da queda de Velasco à "segunda fase"

Na marcha da economia seriam lançadas, em última instância, as possibilidades de manutenção da dinâmica revolucionária. Três temas aparecem como os pontos críticos nos balanços desse aspecto fundamental do processo velasquista: (a) os resultados decepcionantes com respeito à busca de autonomia e de uma distribuição mais justa da receita; (b) a ausência de uma fonte de dinamismo econômico alternativa à diminuição do valor das exportações tradicionais derivada do impacto das reformas; (c) os efeitos negativos do endividamento externo ao qual se recorreu com o objetivo de encobrir as quedas de produção e os problemas de manejo financeiro do aumentado setor empresarial estatal; (d) o impacto das compras maciças de armamento como preparação para uma suposta confrontação com o Chile; (e) as represálias norte-americanas diante da expropriação da empresa mineira Southern Peru Copper Corporation e de outras medidas similares; e (f) a negativa do "chefe da revolução" em realizar os ajustes econômicos recomendados pelos técnicos.

À debacle econômica se somaria um fato fortuito que delinearia o cenário final da etapa velasquista do governo militar: a grave deterioração da saúde do "chefe da revolução" ocorrida no final de 1974, que provocaria importantes perturbações, culminado na decisão, no seio da instituição militar, de proceder à sua deposição em agosto do ano seguinte. O caos ocorrido na capital no início de uma greve policial, em 5 de fevereiro de 1975, marcou o regime com uma imagem de fragilidade que o perseguiria até o final. Diversas reportagens mostrariam, posteriormente, que um punhado de agitadores apristas – com o apoio da CIA, segundo os velasquistas – haviam sido suficientes para provocar o maior motim que os limenhos jamais viram. Meio ano depois, um abatido general Velasco deixava o Palácio do Governo em meio a um surpreendente silêncio; sua partida pareceu mais uma mera mudança administrativa do que o fim de uma revolução. Finalmente ficaria claro que, mais que uma substituição de pessoal, tratava-se, segundo Hugo Neira, de uma "contrarrevolução do Estado-Maior do Exército"; e que embora o novo líder, o general Francisco Morales Bermúdez, anunciasse que começava a "segunda fase" da revolução, a remoção de Velasco havia sido, na verdade, o fim total do processo iniciado em 1968.

Entre a crise econômica e os efeitos da mobilização "de cima", a segunda metade dos anos 1970 seria um período de grandes conflitos. Além disso, ao ficar evidente o desinteresse "revolucionário" da nova liderança militar, a "defesa das reformas" concitou um apoio popular do qual o velasquismo havia carecido durante seus anos no poder. Em dezembro de 1977, logo após o sepultamento do chamado "general dos pobres" pela propaganda governamental, teve lugar uma das maiores mobilizações ocorridas em Lima; talvez uma última evidência do impacto que o discurso velasquista teve sobre a sociedade, como gerador de uma ativação social que terminaria saindo dos limites pré-estabelecidos pela liderança revolucionária; e que, em 1976, após a expulsão por parte do governo dos últimos generais velasquistas, tomaria um rumo próprio, gerando o substrato social para novos experimentos de transformação radical.

Epílogo: o legado velasquista

Durante sete ou oito anos – como declarou Dirk Kruijt –, a liderança militar-civil velasquista teve a possibilidade de fazer experimentações com a sociedade peruana em um grau sem precedentes. Foram tentados, simultaneamente, diversos tipos de propriedade – cogestão, autogestão, restabelecimento das comunidades indígenas, participação operária na direção de empresas estatais, cooperativas agrárias –; tentou-se um modelo singular de "imprensa socializada", enquanto a reforma educacional e o sistema de propriedade social recebiam o encargo de formar "o homem novo" e a "nova sociedade"; foi proscrito o uso da denominação "índio" na linguagem oficial, enquanto se declarava o quéchua como idioma oficial; e foram abolidos inclusive Papai Noel e o Pato Donald como símbolos de penetração cultural. De outro lado, a abertura de relações com o bloco socialista, em plena Guerra Fria, traria a legitimidade e a difusão da "cultura socialista" tanto na imprensa como nos estabelecimentos educacionais do Estado. Nesse contexto, o próprio termo "revolução" atingiria um nível inédito de legitimidade.

Como indicariam diversos estudiosos, a era velasquista ficaria instituída como a grande ruptura da vida peruana em cinco séculos de história (Julio Cotler) ou, pelo menos, como o ponto final da pátria crioula (Hugo Neira). Talvez tudo isso tenha sido possível por ter-se tratado de uma "revolução militar", por ter contado com o respaldo da mais "nacional" de todas as instituições peruanas. Paradoxalmente, nisso residia também sua fragilidade. Em última instância, segundo Kruijt, havia sido uma "revolução por decreto" que, quando tentou, também por decreto, integrar as massas em suas estruturas políticas, chocou-se com sua própria natureza militar. Por isso, o Sinamos se converteu na arena de luta entre as burocracias civis, que o queriam como catalisador da mobilização, e suas contrapartidas militares, que o concebiam como uma espécie de guardião da pureza "revolucionária" ou ramo do Oficina de Segurança do Estado. Não era de estranhar, portanto, que a imagem de um regime "corporativista" e inclusive "fascista" cobrasse popularidade entre seus detratores. O problema fundamental, no entanto, estava no campo. Ali, depois de serem liquidados os restos da servidão e do latifundismo, e infundidas com inédita legitimidade as demandas por terra do campesinato andino, uma reforma subitamente truncada deixava grandes expectativas insatisfeitas, e uma população ávida de ordem e reivindicações.

8. A "Nova Esquerda":

DA VANGUARDA À ESQUERDA NACIONAL

Até o final dos anos 1960, continuar o caminho aberto pelo "gesto heroico" de Luis de la Puente era o objetivo da chamada "nova esquerda". Entretanto, a realidade ditou outros rumos. Se a morte de Che fechava o ciclo da guerrilha rural, a revolução velasquista parecia secar o oceano semifeudal no qual, supostamente, os "guerrilheiros heroicos" deviam se mover como peixes na água. Além disso, de forma acelerada desaparecia aquela sociedade dual na qual a oposição entre o Peru costeiro sucedâneo do colonialismo e o "verdadeiro Peru" serrano justificava a *longa marcha* radical. Os anos 1970, nesse sentido, seriam para a esquerda peruana um período de reajuste às novas realidades da era velasquista. Impulsionados pelas energias liberadas pela revolução militar, os micropartidos clandestinos da "nova esquerda" começaram a navegar no cenário político nacional. Seu impulso vital provinha de uma crescente agitação juvenil. Se em algum setor estava evidente a massificação da sociedade peruana, este era o setor educacional, no qual o Peru era, no âmbito latino-americano, um caso distintivo. Entre 1960 e 1980, a porcentagem de estudantes de seis a 23 anos matriculados na escola em relação à população total dessa idade aumentou de 40% para 74%. Um crescimento espetacular, como declarou Carlos Ivan Degregori, que elevou o Peru do décimo quarto ao quarto lugar no nível latino-americano nesse lapso de tempo; enquanto isso, por outro lado, considerando o PIB ou a mortalidade infantil, mantinha-se nos últimos lugares da região.

No final dos anos 1960 a APRA havia sido retirada da liderança estudantil nos principais centros universitários do país. A agitação provocada pela reforma agrária reacenderia um ímpeto agrarista na crescente militância juvenil. Nesse contexto, o guerrilheirismo dos anos 1960 daria lugar ao campesinismo dos anos 1970: haveria uma longa marcha, não ainda como resultado de um *foco*, mas de um paciente trabalho organizativo baseado nas lutas reivindicativas da população rural. Por seu turno, o protesto contra a "segunda fase" gerava nas cidades da república novas frentes de luta, nas quais proliferaria a ação radical. No fim dos anos 1970, o peso combinado dos minipartidos universitários equivalia ou superava o da "velha esquerda" proveniente do PC. O fim do governo militar a colocaria finalmente diante do duplo desafio de assumir uma posição frente à ressurgente "democracia burguesa" e também frente à rebelião senderista iniciada no mesmo dia em que ocorriam as primeiras eleições gerais em 17 anos. De sua capacidade para lidar com esse duplo desafio dependeria a possibilidade de continuar avançando em seu processo de transformação de vanguarda em esquerda verdadeiramente nacional.

Do guerrilheirismo ao campesinismo

Maruja Martínez recordaria que, em 1969, a direção de seu partido – Vanguarda Revolucionaria – fez uma pesquisa entre a militância que incluía a seguinte pergunta: "Quando você acha que terá início a revolução no Peru?". Os mais pessimistas responderam que em dois anos. No entanto, muitos acreditavam que se iniciaria em alguns meses, e que precisavam se preparar para não cair nos erros do MIR, que havia partido para a guerrilha "sem ter raízes no povo, sem conhecer bem o Peru". Alguns relatos revelam o voluntarismo prevalecente na organização paradigmática da chamada "nova esquerda" nos anos que se seguiram à derrota da guerrilha. O desastre havia deixado lições, mas o espírito vanguardista continuava basicamente intacto. Na época da guerra do Vietnã, apesar da queda de Che, havia espaço para se continuar sonhando com façanhas épicas de caráter rural. Assim, os líderes vanguardistas podiam considerar que, tendo por base um "mínimo de partido" estabelecido nos principais núcleos urbanos provinciais, poderiam penetrar nas áreas rurais, estabelecendo uma série de "cordões umbilicais" entre a cidade e o campo que permitiriam chegar ao "verdadeiro Peru" em condições muito melhores do que em 1965. Entretanto, o avanço da reforma agrária velasquista questionava esse esquema, o que gerou um debate interno que logo se traduziria em sucessivas cisões; mais ainda em uma organização como a VR, que havia nascido com a pretensão de sintetizar as variantes revolucionárias soviética, trotskista e guevarista. Assim, enquanto os primeiros privilegiavam a linha obrerista, estes últimos persistiam na linha político-militar. Nesse ínterim, a maioria do partido apostaria em se reinventar, renunciando ao "guerrilheirismo" para "ir às bases", com a convicção de que no seio das massas descobririam o caminho para o poder. Entre o esquematismo ideológico e o espontaneísmo, sem uma avaliação realista do país rural – ausência a ser remediada com uma sobredose ideológica –, iria se definindo o caminho da "nova esquerda".

Não seria menos atribulado o itinerário do MIR, a outra organização básica da constelação da "nova esquerda". A repressão de 1965 o havia deixado sem chefes nem comandos intermediários. Restava-lhe, no entanto, o *élan* guerrilheiro. Era a promessa viva de uma próxima *longa marcha* frente a uma audiência juvenil sensível a histórias de entrega e imolação. Alberto Galvez Olaechea recordaria que, embora não tivessem pegado em armas, aqueles que entraram na militância em 1970 se formavam nos ritos da clandestinidade, na veneração de "nossos heróis" e no apego dogmático a um combativo discurso maximalista. Entretanto, para além dessas convicções básicas primava o desacordo. Houve até cinco "MIRs" cuja individualidade se explicava por sutis diferenças quanto à caracterização do regime militar e, portanto, do caminho a seguir para confrontá-lo. Assim, juntamente com uma marcada tendência ao excesso retórico e a um ideologismo vazio – em uma atitude que Galvez Olaechea qualificaria retrospectivamente como um "tipo de esquizofrenia" –, prevalecia um ativismo tenaz cujo princípio essencial não era outro senão "levar cada conflito social à máxima confrontação possível". Sustentados por redes estudantis que os vinculavam a uma determinada universidade ou a uma procedência geográfica comum, as identidades partidárias também se definiam por elementos socioculturais e inclusive raciais, convenientemente soterrados sob uma retórica de caráter "teórico".

Com todas as suas limitações, impulsionados por sua vontade e por seu ativismo, terminariam se encontrando com a agitação social gerada pela crise do velasquismo. Teriam seu batismo político nas disputas suscitadas em torno das reformas educacional e universitária, como nas grandes greves do início dos anos 1970 – de mineiros, professores, bancários, pescadores etc. Por outro lado, com os conflitos rurais provocados pela aplicação da reforma agrária, vanguardistas e miristas lhes abriram o caminho para o campo. Por vias diversas, desde ONGs e organizações da Igreja até o próprio Sinamos, os ativistas da VR e do MIR iriam se inserindo em situações de diferentes origens: parcelamentos privados realizados com o objetivo de impedir o dano a alguma fazenda; atraso na aplicação da reforma ou mau gerenciamento de "empresas associativas" por parte dos administradores nomeados pelo governo, que – segundo um veterano dessas lides – assumiam um papel de "assessores do campesinato", suprindo o movimento local com um imprescindível apoio urbano. Seguindo a tática de radicalizar a reforma agrária, conseguiriam conquistar uma presença rural que, em 1973, lhes permitiria tentar obter o controle da Confederação Camponesa do Peru, uma agremiação camponesa fundada nos anos 1940 e que se encontrava desde meados dos anos 1960 sob a férula do PCP-Bandera Roja, o desdobramento "pequinês" do velho comunismo.

Saturnino Paredes, um advogado da velha guarda, assessor de comunidades indígenas, era nessa época o dirigente máximo da CCP. Em contraposição à linha "vanguardista", propiciava uma linha de resistência frente ao regime "fascista" de Velasco, desdenhando qualquer possibilidade de se fazer política dentro dos limites da reforma agrária militar que não havia sentido a realidade semifeudal essencial do campo andino, que só poderia ser erradicada por uma "guerra prolongada do campo para a cidade". Com essa posição, replicava a VR, "desarmavam as massas camponesas", ao promover sua abstenção dos novos organismos administrativos que emergiam como "os novos cenários da luta de classes" em um mundo rural "predominantemente capitalista". Concluía as considerações com referências à "linha correta" marxista-leninista, incompreensível por razões de classe para a "pequena burguesia" da VR.

Em 1974, com um estilo pragmático efetivo, os inflamados campesinistas da VR da Capital conseguiriam remover os "pequineses" do controle da CCP. Desse modo, desviaram também o "trabalho camponês" do MIR, completando-se assim o trajeto da vocação guerrilheirista dos anos 1960 para o *revival* campesinista dos anos 1970. Entretanto, não terminaria aí o debate entre a "nova esquerda" e o maoísmo. Este se intensificaria na medida em que o eixo da agitação camponesa se transferisse da costa para a serra.

O campesinismo da "nova esquerda" teria sua verdadeira prova de fogo na província sul-andina de Andahuaylas. Três militantes com uma frouxa vinculação com a VR haviam conseguido se inserir nas comunidades da zona. Seus informes à direção vanguardista – "do próprio seio das massas camponesas" – contribuiriam para demonstrar a inutilidade da "concepção guerrilheirista", ao mesmo tempo em que chamavam a atenção para o potencial da luta reivindicativa. Lino Quintanilla era originário da zona e, após realizar estudos de agronomia, retornou como funcionário do Sinamos, enquanto Julio César Mezzich – o único limenho dos três –, estudante de medicina de uma universidade particular, oferecia seus serviços como sanitarista à comunidade de Ongoy. Em ambos, o processo de "campesinização" – culminado com o respectivo casamento com mulheres do local – foi completo, chegando a convertê-los nos paradigmas de sua geração. Em 1973, haviam conseguido estimular a criação de uma federação camponesa provincial. Seu partido começou então a levá-los a sério. Mezzich foi incorporado à diretiva da CCP.

Fruto do seu trabalho, no ano seguinte teve lugar a maior onda de tomadas de terras em uma década. Frente à demora na aplicação da reforma agrária, diante da "descapitalização" das fazendas que essa demora permitia, com sua ação direta as comunidades obrigaram os funcionários – em um ato público realizado em uma fazenda tomada – a assinar um documento se comprometendo a distribuir a terra, garantindo a devida ajuda técnica, e a não tomar nenhuma medida repressiva contra os transgressores.

Era o apogeu do campesinismo da "nova esquerda". Sob o impacto da mobilização, Lino Quintanilla – um dos três mosqueteiros campesinistas da VR – comentou: "Era o que queríamos: pegar os caciques pelo cangote, submetê-los a um julgamento sumário em assembleia popular e expulsá-los, depois de fazê--los pagar suas dívidas com os camponeses". Porque, segundo ele, a questão básica não era simplesmente tomar a terra, mas pôr fim à opressão, terminar com a cultura camponesa de submissão ao patrão. Em outras palavras, libertar o "furacão camponês" no melhor estilo maoísta. Entretanto, um mês depois, o governo desconhecia os acordos e procedia à destruição – com mortos e feridos – da federação provincial. O incidente suscitou questionamentos fundamentais: aonde levavam as tomadas de terras? Como enganchar a luta pela propriedade com formas de luta mais avançadas? Qual era, em última instância, o potencial revolucionário da luta camponesa?

Duas décadas depois dos acontecimentos de Andahuaylas, Edmundo Murrugarra, um dos fundadores da VR em 1965, recordaria suas reflexões daqueles anos: "As pessoas haviam tomado a terra para produzir mais, para não serem pobres, para se tornarem ricas; estávamos desenvolvendo o capitalismo; os camponeses e nós éramos militantes do capitalismo". Isso, contudo, não podia ser admitido nos "círculos do partido". A conclusão, então, era a seguinte: "ou apoiamos os camponeses que querem ficar ricos, reconhecemos que estamos fazendo a revolução capitalista e tentamos torná-la mais radical, ou tentamos mudar sua cabeça". Outros, no entanto, recusariam de imediato a tática de radicalizar "de dentro" a reforma agrária militar, iniciando, a partir daí, uma busca que os levaria a aceitar a ideia de que o único caminho era uma "guerra popular do campo para a cidade", em cujo contexto – na linha mariateguista – seria possível postular a comunidade "como a base para a organização do Estado de Democracia Popular e para a edificação de uma sociedade socialista". O círculo havia se fechado: a primeira dessas posições conduziria à conversão da CCP em um organismo de assessoria camponesa, enquanto a segunda conduziria à *longa marcha* senderista dos anos 1980. Nessas circunstâncias, enquanto isso, Lima e o movimento urbano voltavam a ser o epicentro da ação da "nova esquerda".

Rumo à esquerda legal

De repente – recordaria um militante trotskista – "nos encontramos com uma grande audiência proletária e começamos a crescer". Estimulada por uma aguda crise econômica complicada por drásticos cortes nos gastos estatais, a mobilização antimilitar chegava, no início de 1977, ao seu ponto culminante, potencializando efetivamente os micropartidos da "nova esquerda". Em julho de 1977, apareciam lado a lado com o PC e a CGTP na convocatória da maior paralisação nacional na história do país. Cinco mil demitidos foi a resposta do regime. Embora, na prática, a medida deixasse o movimento urbano sem líderes, terminaria dotando os partidos radicais de centenas de militantes cuja presença transformaria definitivamente o perfil "universitário" da "nova esquerda". Convertida em uma força operário-estudantil e contando com o apoio de um importante contingente de intelectuais, ela entrava em sua fase de amadurecimento, no momento exato em que o cenário político sofria uma crucial alteração, como consequência, em primeiro lugar, do fim do regime militar. A intensidade da mobilização obrigou a acelerar o cronograma. Com a eleição de uma Assembleia Constituinte em 1978, iniciava-se no Peru a última "transição democrática" do século XX. De repente, os partidos tradicionais voltaram à cena como interlocutores do isolado regime militar. A esquerda, no entanto, afundava em um mar de dúvidas.

Em meio a grandes dilemas "teóricos" – e enfrentando o enorme desafio prático de unificar uma plêiade de micropartidos da "nova esquerda" e estes, por sua vez, à "velha esquerda" –, os revolucionários peruanos iniciaram sua complicada viagem rumo à legalidade que iria se concluir com as eleições gerais de 1980. Convergiram nesse processo: (a) os trotskistas encabeçados por Hugo Blanco, a figura de esquerda de maior força eleitoral em 1978; (b) o velho PCP-U "moscovita", com sua importante influência no setor trabalhista urbano; (c) as várias facções originadas dos grupos fundadores da "nova esquerda": o MIR e a VR; (d) as diversas facções originadas do PCP "pequinês", produto, por sua vez, da ruptura comunista de 1964; e (e) a esquerda velasquista reunida no Partido Socialista Revolucionário, cujo líder era o general Leonidas Rodríguez, ex-chefe do controvertido Sinamos. Ao complicado desafio de participar da "democracia burguesa" sem renunciar a seus objetivos revolucionários, responderiam com uma proposta ambígua: utilizariam o cenário eleitoral para continuar "acumulando forças" em uma perspectiva revolucionária. Daí derivou um estilo político baseado na confrontação, na denúncia, no "desmascaramento" e no constante apelo à mobilização social.

Nascida em setembro de 1980, de todas as tentativas das várias frentes 1978, a Esquerda Unida (Izquierda Unida – IU) alcançaria a maior estabilidade. Ela se autodefinia como uma "frente revolucionária de massas" cujo objetivo era conseguir "a destruição do Estado burguês", na perspectiva de conquistar "um governo surgido da ação revolucionária das massas, da classe operária, do campesinato e do conjunto do povo oprimido". Apostava no impulso de uma série de "organizações genuínas do povo" – assembleias populares, frentes de defesa, organizações sindicais, comunidades camponesas – como via de ampliação do sistema democrático formal. Para além dessa perspectiva geral, tudo era desacordo; por isso, segundo Raúl González, mais que uma frente coesa, a IU parecia um "local de disputas de todo tipo: táticas, estratégicas, programáticas e pessoais". Entretanto, seu relativo sucesso eleitoral lhe permitiria avançar sem conciliar com seu passado ou definir um rumo ideológico coerente. Assim, em 1984, um documento oficial da frente informava que, "por princípio", esta não renunciava "a nenhum meio de luta nem forma de organização", reservando-se o direito de recorrer "a todas e a cada uma delas, fossem legais ou ilegais, abertas ou secretas", segundo requeressem as circunstâncias. A IU era, nessa época, a segunda força eleitoral do país e, na verdade, a esquerda mais votada da América Latina. Além disso, no ano anterior, seu líder máximo, o advogado trabalhista Alfonso Barrantes Lingán, havia sido eleito prefeito da Capital da república.

Como uma espécie de árbitro ou poder moderador, Barrantes – um ex-aprista que se identificava como leninista e não tinha militância partidária específica – terminava sendo a chave da unidade de uma frente cada vez mais polarizada, na medida em que o Peru se aprofundava em um ciclo de violência política cuja origem imediata foi o levante armado iniciado por uma das facções maoístas conhecida como Sendero Luminoso. Entre a democracia e a insurreição, tendo no poder o primeiro governo aprista na história do país, a perduração da IU parecia em 1985 um ato de equilíbrio cada vez mais difícil de ser mantido.

Epílogo: depois da democracia, o quê?

No terreno da democracia, havia terminado o processo da "nova esquerda", iniciado em meados dos anos 1960 com uma perspectiva insurrecional. Apesar da sua significativa contribuição para a retirada do regime militar, a virada de 1978-1980 a surpreendeu sem propostas claras e coerentes. Respondeu de sua tradição vanguardista com uma visão instrumental da democracia, eficaz a curto prazo, porém com pouca perspectiva de futuro. A "velha esquerda" também não foi capaz de dar um maior sentido de futuro à vitória antimilitarista do final dos anos 1970. Ao seu confinamento nos corredores da "legalidade burguesa" se somaria o levante senderista para gerar nas fileiras esquerdistas um forte sentimento de frustração, para o qual o retorno ao poder de Fernando Belaúnde – o mesmo governante derrubado por Velasco em 1968 – era talvez o símbolo mais irritante. O dilema que em meados dos anos 1980 corroía a alma da "esquerda legal" era desenvolver, frente à crescente violentização da política, sua própria alternativa armada, ou cerrar as fileiras em defesa da democracia contra o terror senderista. Entre a participação vergonhosa na democracia e a má consciência diante da imolação dos militantes senderistas, um desânimo paralisante se apoderou da IU. Dois novos projetos – o Partido Unificado Mariateguista e o Movimento Revolucionário Túpac Amaru – tentariam reativar, em 1984, a mística perdida da "nova esquerda". O capítulo seguinte trata desse momento definitivo da sua existência, no contexto da surpreendente "guerra popular" senderista.

9. O Sendeiro da guerra

A notícia passaria despercebida em meio à ampla cobertura das primeiras eleições presidenciais em 17 anos: às vésperas do sufrágio, no remoto povoado de Chuschi, nas imediações do departamento de Ayacucho, um grupo de encapuzados começou a destruir material eleitoral. O enigma foi revivido semanas depois com o aparecimento de cães mortos pendendo de postes de luz do centro de Lima, portando cartazes com a inscrição "Deng Xiao Ping hijo de perra". Aqueles que tinham um conhecimento próximo da esquerda local não teriam dificuldade para identificar os autores: uma das facções maoístas desligadas do PCP-Bandera Roja, conhecida como Sendero Luminoso, que – como atestavam seus discursos e lemas que cobriam os muros da Universidade de San Cristóbal de Huamanga (em Ayacucho), sua principal base de recrutamento – por um bom tempo vinha proclamando o início de sua "guerra popular". Vários anos se passariam até se esclarecer, graças às investigações da Comissão da Verdade e Reconciliação estabelecida pelo governo peruano em 2000, o processo através do qual uma facção radical instalada em uma das regiões mais pobres do país havia conseguido levar o sistema político nacional a uma situação próxima do colapso. Como observaria Steve J. Stern, esse processo surgiu de "dentro" e "contra" a história do país, e aparecia, portanto, como uma "culminação lógica" – entre várias culminações lógicas possíveis – da *nação radical* e, ao mesmo tempo, como sua negação; em perspectiva, portanto, como o agente de sua liquidação. Com o Sendero Luminoso, a lógica da *longa marcha* – aquela "ficção orientadora" fundamental da tradição radical peruana – chegava ao seu ponto final, à sua autodestruição no "incêndio da pradaria" desencadeado pelos senderistas. Do campo da "nova esquerda" – muito desgastada por sua tentativa de equilibrar legalidade e compromisso revolucionário em um contexto de crescente polarização – surgiriam pelo menos duas tentativas de disputar com o SL o espaço rural.

Ayacucho: um Yenan andino

Enquanto a "nova esquerda" crescia, seguindo a lógica de "agudizar as contradições" das reformas militares, na cidade de Huamanga o professor de filosofia Abimael Guzmán estabelecia as bases teóricas do projeto que derivaria – nas palavras de Gustavo Gorriti – na "maior insurreição da história do Peru". Segundo Guzmán, o governo de Velasco era um "governo fascista" cuja demagogia socializante "confunde entendimentos e submete vontades", gerando "oscilações" e acentuando "direitismos conciliadores nas próprias fileiras do povo". Frente a todas essas veleidades, sua proposta era retomar "o caminho de Mariátegui". Por isso, enfrentando os "falsos intérpretes" e os distorcionadores do Amauta, propôs afirmar a vigência da "linha política geral da revolução" formulada pelo fundador do PC. A tese medular dessa linha política era o reconhecimento da base "semifeudal" da sociedade peruana – ainda vigente no Peru dos anos 1970 devido ao caráter "semicolonial" do capitalismo nacional. Daí derivava, por sua vez, a centralidade da "revolução camponesa" sob a direção proletária. Segundo esse enfoque, Mariátegui surgia como o profeta de uma revolução violenta baseada no "armamento do campesinato", cujas perspectivas estratégicas específicas haviam sido desenvolvidas pelo presidente Mao.

Assim, enquanto a "esquerda capitalina" flexibilizava suas bases teóricas – recorrendo a uma diversidade de fontes, desde Gramsci e o eurocomunismo até a Teologia da Libertação ou o sandinismo –, na perspectiva de construir uma organização que refletisse o variado país que surgia da era velasquista, emergia em Ayacucho um polo de ortodoxia comunista, um avanço andino na interpretação das leis que regiam a revolução nos países atrasados. "Ser marxista em um país como o Peru", concluiria Guzmán em 1979, exigia "se sujeitar à luta armada". Negá-lo significava, simplesmente, trair o legado de Mariátegui. Não era um problema de inteligência: "órfãos de uma sólida posição de classe", os supostos "superadores" limenhos do Amauta ficavam afastados da realidade. De Ayachucho, ao contrário, em contato com o campesinato, eles podiam perceber o que de Lima parecia incompreensível: um mundo rural prestes a explodir; o intenso repúdio gerado no mundo comuneiro contra a estrutura "corporativista" imposta pela reforma militar, sob cujo manto continuava de pé o Peru semifeudal analisado por Mariátegui. De nada valiam as investigações que comprovavam a condição "predominantemente capitalista" da sociedade peruana; o dado, afinal de contas, sentenciava Guzmán, era um "conceito burguês" manipulável. O que realmente contava era a posição de classe a partir da qual se realizasse a interpretação.

O contraste não podia ser maior. Enquanto, de Ayacucho, Guzmán proclamava a necessidade de seguir "realmente ao pé da letra" o caminho do Amauta, nos meios intelectuais da Capital cobravam vigência as leituras heterodoxas de sua obra, chegando a se admitir a existência de vários "mariateguismos". Assim, no final dos anos 1970, com a "nova esquerda" já plenamente inserida no âmbito da legalidade, o SL ficava como a única organização da esquerda local em posição de combinar os elementos que – baseando-se nos conceitos de Raj Desai e Harry Eckstein – definiam uma força insurgente contemporânea:

(a) O espírito da rebelião camponesa tradicional – incluída, nesse caso, em uma visão claramente classista da sociedade peruana – fonte da energia passional que mobiliza a insurgência.

(b) A ideologia e os métodos organizativos da revolução moderna – expressados, nesse caso, na construção de um partido inspirado nos modelos leninista e maoísta – que permitia uma ação eficiente processada através de uma determinada cadeia de comando.

(c) As doutrinas operacionais da guerra de guerrilhas – tomadas do esquema chinês da guerra popular e desenvolvidas também a partir de uma cuidadosa análise da experiência de 1965 –, base da capacidade militar do partido.

Um processo em breve claramente diferenciado da dinâmica da "nova esquerda", em que, segundo Julio Cotler, a assimilação de "velhos preceitos republicanos de liberdade e igualdade cidadãs" se encontrava já bastante avançada. Alguns formavam guerreiros; outros, promotores do desenvolvimento. Alguns chegavam ao campo afiliados a ONGs ou a paróquias progressistas; outros, como parte de um partido em vias de se converter em "máquina de guerra". A vontade de incendiar a pradaria *versus* a cruzada pela justiça. O SL, em suma, havia optado pelo fogo da tradição radical.

A peculiar realidade ayacuchana correspondia, segundo Carlos Iván Degregori, a uma espécie de Yunan andino, em alusão ao papel dessa região chinesa no desenvolvimento das visões campesinistas de Mao Tsé-Tung.

Encravada na serra central do Peru, Ayacucho era um exemplo proeminente do padrão de desenvolvimento desigual do Peru do século XX: a prosperidade exportadora lhe havia escapado persistentemente; para complementar sua marginalização, ao seu "atraso" se somava o caráter "índio" de sua cultura; sua debilitada classe senhorial havia sido incapaz de reclamar até mesmo as reivindicações residuais que, a outras regiões da serra, haviam permitido ao menos aliviar o isolamento, salvo por uma insólita decisão que teria consequências inesperadas: a reabertura da Universidade Nacional San Cristóbal de Huamanga, fundada em 1677, fechada em 1885 e, finalmente, reaberta em 1959. No início dos anos 1970, na contramão da decadência generalizada da região, a UNSCH emergia como uma "universidade de ponta" que aspirava desempenhar um papel dinamizador da vida local. Como observaria Degregori, o surgimento de uma entidade educacional moderna na "região mais pobre e com uma das estruturas mais arcaicas do país produziu um verdadeiro terremoto social". Por isso, "seu impacto global não foi apenas decisivo, mas inesperado, tanto para os grupos dominantes regionais como para o Estado, embora este viesse a demorar muito mais a percebê-lo". A UNSCH tinha 302 estudantes em 1960, quase três mil dez anos depois e pouco mais de seis mil em 1980. Essa realidade social emergente, com suas excepcionais conexões com o interior rural ayacuchano, proporcionou o contexto do crescimento do senderismo, com suas características desconcertantes, que explicam o desdém inicial com que as autoridades peruanas o encararam de início.

Aparentemente insignificante, o PCP-SL surgia, como observou Carlos Iván Degregori, como uma espécie de "estrela anã": um acúmulo de energia reconcentrada prestes a explodir. Um corpo cujo núcleo era sua firmeza ideológica, encarnada em seus "militantes de ferro" e em sua inabalável vontade de lutar. Em outras palavras, o contingente era capaz de levar à concreção final a *longa marcha* radical em sua versão contemporânea de "guerra popular prolongada do campo para a cidade". Se Abimael Guzmán aprendeu algo com suas visitas à China – realizadas por ocasião da Grande Revolução Cultural –, foi que, em uma guerra caracteristicamente popular, o indivíduo, sua mente – a vontade humana – era mais importante do que as armas a serem utilizadas.

Somos os iniciadores!

Entre março e abril de 1980, o líder senderista fechava a Primeira Escola Militar de sua organização. Nessa ocasião, faria um discurso frequentemente citado como testemunho da virada senderista para o "fundamentalismo" ideológico e, na verdade, como o antecedente verbal da violência prestes a explodir; uma verdadeira ruptura na tradição da esquerda nacional. Entretanto, lido na perspectiva da tradição radical peruana, podia-se perceber os ecos de velhas ressonâncias discursivas. Desde o gonzalespradismo, por exemplo, até o momento de fustigar os "revisionistas" de todo tipo:

> Arranquemos as ervas venenosas, isto é veneno puro, um câncer para os ossos, nos corroeria; não o podemos permitir – é

podridão e pus sinistro; não o podemos permitir, agora menos ainda. Comecemos a queimar e a arrancar este pus, este veneno; é urgente queimá-lo. Venenos, purulências – há que destruí-los.

Como uma versão maoísta das "hordas tamerlânicas" de Valcárcel, que desencadearam a "tempestade" andina contra a corrupta cidade hispânica, ressoa também a seguinte descrição da guerra popular à beira de sua eclosão:

> Os reacionários estão concentrados, armados, defendidos nas cidades, nas capitais; nós ficaremos arraigados no campo, nos pequenos povoados, com a massa, especialmente com o campesinato pobre, com a força, com o poder desorganizado para organizá-lo em um poderoso exército.

Ecos do célebre discurso de Haya de la Torre no prelúdio da primeira grande perseguição de 1932 são também apreciados no anúncio de uma "briga árdua, sangrenta e difícil", que não admitiria "nem covardia nem traição"; um combate em que "nos montarão cercos, procurarão nos isolar, nos esmagar, nos fazer desaparecer sem conseguir nos derrotar, porque somos o futuro, somos a força, somos a história". O sentido, em suma, de um "simulacro de nação" que se forja na luta e que emerge das profundezas para salvar ou libertar os oprimidos.

> [...] o Estado de operários e camponeses marcha conosco; nós o levamos na ponta dos fuzis, acolhido em nossa mente, palpitando em nossas mãos, e estará sempre conosco, ardendo em nosso coração. Não o esqueçamos nunca, pois é a primeira coisa que deve estar em nossa mente. Camaradas, ele nascerá frágil porque será novo, mas seu destino será se desenvolver através da mudança, da variação da fragilidade, como uma planta delicada. Tudo isso, camaradas, começará a nascer das ações mais modestas e simples que amanhã iniciaremos.

Guzmán provavelmente pensava nessa longa continuidade quando declarou, pouco depois de iniciada a guerra, que seu partido havia "rompido o exorcismo de mais de cinquenta anos" de inação para começar a impulsionar, "com nossa luta armada", o nascimento da "liberdade autêntica, a única verdadeira".

Mas, como diria Steve Stern, o projeto senderista não havia nascido só "dentro", mas "contra" essa história. Contra aqueles que, pouco tempo atrás, "com néscia insolência nos tachavam com menosprezo de infantilismo", pretendendo assim evitar a questão central em debate desde o fim dos anos 1970: "se o desenvolvimento do movimento de massas em nosso país, principalmente do campesinato, leva ou não à luta armada". Uma vez que esta fosse iniciada, não restava a essa "pequena burguesia" senão "servir a revolução e se colocar à disposição do proletariado"; "brigar valentemente", ou seja, "seguindo o caminho do Partido". Mas advertindo que "não vai ser fácil fazê-los aceitar e compreender" que esse era seu único destino possível; que seriam "requeridos fatos contundentes, ações concretas marteladas em suas duras cabeças, fazendo explodir em pedaços suas especulações, para que em suas almas também se aninhe a realidade desta nossa pátria". Na verdade, não demorariam a "explodir em pedaços" as "duras cabeças" de tantos ativistas da "nova esquerda" em diferentes pontos do "verdadeiro Peru" – e precisamente não "em teoria", mas como consequência de sua ousada decisão de se colocar contra a "guerra popular".

Não passavam de quinhentos homens quando a guerra começou. Deram-se ao luxo também de começar sem armas. Segundo eles, era a sua maneira de forjar a vontade imprescindível. Dos depósitos dos centros mineiros e dos postos policiais dispersos pelas zonas rurais viria seu arsenal inicial de dinamite e armas. Também não era um partido extenso; entre militantes e simpatizantes, chegavam, em 1980 – como haveria de se saber depois –, a pouco mais de quinhentos. Sua inserção em dois setores chaves potencializou a irradiação de sua prédica: (a) a Universidade de Huamanga, a faculdade de educação em particular e a rede de professores rurais que dali procedia; e (b) os meios universitários, trabalhistas e vicinais da Capital da república. Se o primeiro setor proveria o canal para o campo, o segundo os supriria com militantes experientes provenientes de outros grupos atraídos para o SL por seu bem-sucedido início insurrecional, além de autorizar a realização de ações de propaganda (principalmente apagões e atentados com dinamite) que lhes permitiria incidir no cenário político nacional. Como pano de fundo, uma intensa crise econômica – que para muitos só podia ser comparada àquela vivida nos anos subsequentes à Guerra do Pacífico – aumentava a exasperação e a desesperança das quais se nutria a opção violenta. Assim, enquanto a "outra" esquerda apostava em concentrar o protesto social em uma grande Assembleia Popular Nacional, o PCP-SL começava a "organizar cientificamente a pobreza", a libertar aquela força "colossal e autoimpulsionada" que se agitava sob essa "superfície oportunista, eleitoreira e cavalgadora de massas" que era o revisionismo; sem competência alguma, nesse nível podia proclamar: "nós operamos com o mais poderoso instrumento de rebelião que existe sobre a terra: a luta armada".

Outros dois elementos táticos também ajudariam a colocar o PCP-SL em posição de "incendiar a pradaria": (a) a denominada "quota" (de sangue) que incitava os militantes a matar e morrer pela revolução, transgredindo qualquer restrição moral ou psicológica; e (b) a ordem de "varrer o campo", na perspectiva de criar – pela via do arrasamento da ordem criada pela reforma agrária velasquista – vazios de poder que permitissem estabelecer os Comitês Populares que constituíam o germe do novo Estado. Tais elementos permitiriam acelerar – para além das expectativas dos próprios líderes – os tempos da guerra. Desse modo, no início de 1982, o PCP-SL estava em condições de ordenar que os Comitês Populares avançassem no estabelecimento de "novas relações de produção"; ou seja, que enfatizassem o trabalho coletivo e a ajuda mútua, realizando, quando possível, a partilha da terra, assegurando a designação de lotes para servir aos mais pobres e deixando também "um fundo para a manutenção do exército". Ao "comissário de produção", no entanto, correspondia tomar medidas para aumentar a produtividade. Tudo isso na perspectiva de forjar uma "economia autárquica" que permitisse manter o Novo Estado "nos assentando em nossas próprias terras". Dois anos depois do início de sua "guerra popular", segundo informação da Comissão da Verdade e Reconciliação, o PCP-SL "havia se instalado solidamente nas zonas rurais de Ayacucho", contando para isso com "a aceitação ou a neutralidade de setores sociais significativos, especialmente camponeses, convencidos pelo discurso de justiça e inclusão proposto pelos subversivos, sem imaginar os estragos que a violência iria causar nos próximos anos".

Avalizados por seus avanços no campo, em março de 1982 empreenderam a ação urbana de maior envergadura realizada desde o início da sua rebelião: a tomada da penitenciária do departamento de Huamanga. A rebelião artesanal de maio de 1980 usava nessa ocasião destacamentos armados atuando com audácia e precisão, encurralando as forças policiais em seu local do centro da cidade, enquanto outro contingente passava a libertar mais de trezentos presos. Em uma base militar próxima, no entanto, forças antissubversivas esperavam, inutilmente, ordens de Lima para entrar em ação. Edith Lagos – jovem militante de 19 anos – estava entre os libertados; morreria meio ano depois em um confronto com forças policiais no departamento vizinho de Apurímac. Seu sepultamento na cidade de Ayacucho tornaria evidente para o resto do país o nível de simpatia com o qual o movimento senderista contava em sua região de origem: milhares assistiram a cerimônia religiosa celebrada pelo bispo auxiliar de Huamanga. A guerra senderista havia ganhado um ícone juvenil.

Rios de sangue

Depois de 19 meses de vacilação, em dezembro de 1982 o governo de Fernando Belaúnde Terry optaria por enviar as Forças Armadas à "zona vermelha" ayacuchana. Em 1965, esse mesmo governante havia tomado uma decisão militar, dando início com ela à rápida debelação da insurgência "castrista". O SL, no entanto, não era o MIR nem muito menos o ELN. No final de 1982, os maoístas haviam triplicado o tempo de sobrevivência em combate de seus antecessores e, longe de ser uma "guerrilha errante" como o ELN ou de estarem fixados em suas bases guerrilheiras como o MIR, esperando – vestidos de verde-oliva – a incursão militar, sentiam-se como o embrião de uma "nova ordem" cujo desenvolvimento levaria, como na China, a uma inevitável vitória militar. Esse objetivo seria alcançado sem poupar o derramamento de sangue que pudesse significar. Só "quem não teme morrer em mil pedaços se atreve a derrubar o imperador", declarava, recordando o presidente Mao, o "camarada Gonzalo", nome de combate do professor Guzmán.

Desse modo, o SL responderia à estratégia de "terra arrasada" das forças militares – que reproduzia dispositivos contrainsurgentes utilizados no Vietnã e na Guatemala – com um "grande plano de conquistar as bases" que apontava para a construção da "República Popular da Nova Democracia", delineando assim o esquema "estatal" que tomaria em suas mãos a tarefa de defender o "novo poder". A aplicação desse plano tinha o objetivo de aumentar a coerção exercida pelos comandos senderistas contra a sociedade camponesa. Desse modo, como relataria o informe da CVR, produziu-se um notório aumento dos assassinatos de autoridades comunais e políticas identificadas como "inimigos do povo", ou, simplesmente, de qualquer um que se colocasse "contra o partido", medidas estas tomadas por uma liderança cada vez mais jovem e inexperiente devido à extensão ampliada dos recursos partidários no quadro de uma guerra de altos custos humanos. O choque entre as forças militares do "velho" e do "novo" Estado provocaria os "rios de sangue" que Guzmán havia anunciado ao iniciar o levante. O líder senderista explicaria que era a inevitável luta entre o restabelecimento e o contrarrestabelecimento, fase inevitável de uma "guerra prolongada":

> Destruímos o poder caciquista e construímos um Comitê Popular. O inimigo quer destruí-lo e, se conseguir, voltará a se instalar o velho poder caciquista, ou seja, o restabelecimento. Nós não podemos permitir isso; golpeamos e esmagamos e voltamos a instalar o Comitê Popular – isso é o contrarrestabelecimento.

Finalmente, as implicações desse dramático aumento da violência – a reação do campesinato contra o SL – iriam se tornando evidentes. O importante agora era que a subversão senderista havia sobrevivido ao dilúvio; que, contra as expectativas das autoridades militares de conseguir uma "solução final" aplicando táticas de "guerra suja", também a violência experimentava uma série de metástases em cujo marco o SL encontrava condições propícias para se converter em uma força de envergadura nacional. Por isso, o tema da subversão ocupou um lugar central na campanha eleitoral de 1985, quando o país elegeu o segundo presidente da "transição democrática" iniciada cinco anos antes. Em meio à crise, o voto nacional se deslocou para a esquerda. Sob a liderança de Alan García Pérez, um PAP renovado chegava à presidência, enquanto a IU se firmava como a segunda força eleitoral do país.

García Pérez havia oferecido um enfoque diferente ao problema da subversão: obras, desenvolvimento, inclusão mais que repressão – em outras palavras, reverter a tendência do conflito para a "militarização", ocorrida sob a administração anterior. O planalto de Puna – região em convulsão devido a conflitos em terra transformada em fronteira de expansão senderista – foi assinalado pelo novo governo como caso-piloto da oferecida recuperação da serra para a democracia. Alguns acertos governamentais iniciais geraram expectativas. Deslegitimar o novo mandatário no prazo mais breve possível, recorrendo para isso a "remover-lhe a máscara progressista", foi a resposta de Guzmán ao desafio aprista. Segundo a CVR, o acordo feito pela liderança senderista teria sido "induzir ao genocídio". O grande teste das forças viria em junho de 1986, quando, durante uma importante reunião da social-democracia internacional da qual a APRA era a anfitriã, em uma ação perfeitamente coordenada, os prisioneiros senderistas passaram a se amotinar em várias penitenciárias da Capital. O incidente culminou com um massacre de grandes proporções, que deixaria um saldo de trezentos mortos, em sua maioria resultado de execuções extrajudiciais. Ali ficariam as promessas de uma ação contrainsurgente com relação aos direitos humanos. Exaltando o heroísmo de suas hostes, Guzmán encararia o fato como uma vitória do seu partido que, a seu ver, havia conseguido expor a "entranha repressiva" do regime que se iniciava.

Entre Mariátegui e Túpac Amaru

Como responder ao avanço da "guerra popular" senderista quando a luta armada era parte substancial da identidade de muitos de seus integrantes? Os senderistas continuavam fazendo parte do "campo popular"? Como defender a ordem democrática sem ao mesmo tempo se alinhar com as "forças da reação"? Questões como essas perturbavam a "esquerda legal", enquanto a insurgência senderista ia se desdobrando através do país. A ambiguidade prevaleceria até o final. Depois dos primeiros atentados, muitos veriam "a mão oculta da direita", a ponto de o próprio presidente da IU pedir ao PCP-SL que "indicasse quais torres seus ativistas haviam dinamitado", para poder assim "demarcar as responsabilidades". Em um segundo momento, concentraram-se em negar o caráter revolucionário da violência senderista. São "atos que desprestigiam o povo, a revolução e inclusive a própria violência revolucionária", manifestaria um dirigente do PCP-Patria Roja, que compartilhava com o SL o lema maoísta "o poder nasce com o fuzil". Igualmente indefinido seria o pronunciamento emitido pela IU por ocasião do assalto à penitenciária de Huamanga: exaltava-se aí "a entrega da vida em defesa de seus ideais" (dos atacantes), enfatizando em seguida "discrepâncias" com o método escolhido, recordando que "na política não valem as boas intenções, mas as repercussões concretas de uma determinada ação". Em 1984, no entanto, as opiniões dentro da IU estavam polarizadas. Com toda a sua "brutalidade" e "com todos os seus erros" – segundo o fundador da VR, Ricardo Letts –, o SL "nos obriga a olhar para um país indígena que acreditávamos estar morto e sepultado". O presidente da IU, por sua vez, enfatizava esclarecer as coisas com o senderismo, ao qual agora qualificava como "terrorista" e "polpotiano". O massacre das penitenciárias em junho de 1986 seria o ponto definitório desse amargo processo de esclarecimento. Enquanto, nos dias seguintes, Alfonso Barrantes Lingán se unia à convocatória de uma "frente antiterrorista", Javier Diez Canseco declarava que "não aceitaremos jamais que se pretenda justificar o terror de Estado e o genocídio como resposta ao Sendero Luminoso".

Essa divergência de opiniões refletia uma divisão básica. Desde 1984, Diez Canseco liderava o Partido Unificado Mariateguista, nascido da unificação de praticamente todas as facções provenientes da "nova esquerda" originada no MIR e na VR; uma espécie de síntese da experiência "vanguardista" iniciada nos anos 1960. Os pumistas deploravam a conversão de centenas de dirigentes populares e ativistas revolucionários em parlamentares, prefeitos e vereadores de uma democracia irreal, sem que em sua maioria houvessem sido capazes de se diferenciar dos políticos tradicionais. Eles receberam inspiração intelectual dos trabalhos do historiador Flores Galindo. Ao Amauta "classista" de Guzmán e à visão de um "caminho de Mariátegui" fechado e definido – que encontrava sua continuidade também no "pensamento de Mao Tsé-Tung" –, Flores Galindo contrapunha a visão do mariateguismo como uma "aventura inconclusa", propondo ainda a própria vida do fundador do socialismo peruano como exemplo de uma busca "agônica" de um caminho revolucionário, enfrentando o desafio de vincular o marxismo – uma ideia ocidental – com as complexidades de uma nação andina com um passado denso e milenar. A reavaliação da cultura andina, do seu legado comunal, era parte fundamental dessa recuperação do amautismo dos anos 1920.

Da revolução centro-americana, por outro lado, viria uma inspiração política fundamental; do resgate de Sandino, em particular, como referência de uma esquerda nacional no caso da Nicarágua. A partir dessas influências, conceberam uma via que, partindo do campo da democracia – no contexto da profunda crise que o país vivia –, iria transformando as organizações populares até convertê-las em "expressões de comando e de autoridade", impulsionando-as a desenvolver "formas de ação que ultrapassem a legalidade vigente" até chegar a uma situação de "duplo poder" que será revolvida "desencadeando a guerra" sob a forma de uma "insurgência democrática". O esquema do FMLN salvadorenho de uma "guerra de todo o povo" proporcionava um modelo para pensar esse cenário final. A grande tarefa do PUM era construir o "partido revolucionário de massas" capaz de gerar esse salto qualitativo. Nesse sentido, embora saldassem contas com seu passado insurrecionalista e vanguardista, resgatavam a "mística da entrega" e o "sentido de heroísmo" da geração dos anos 1960 – valores que, "com a democracia parlamentar e a modernização capitalista, haviam entrado em rápida erosão". Tentariam com esses critérios competir com o SL.

Desde 1974, os componentes da "nova esquerda" – da VR ao PUM – controlavam a CCP, reputada como o principal grêmio camponês do país e com uma afiliação teórica de dezenas de milhares de camponeses. Entretanto, somente no departamento de Puno o PUM conseguiria conquistar uma genuína presença rural. Competiram ali pela direção do movimento comuneiro alinhado contra as "empresas associativas" criadas pela reforma velasquista. Desde 1986 – repetido o roteiro de Andahuaylas nos anos 1970 –, os pumistas promoveriam ali uma grande onda de tomadas de terras, replicando-se, como consequência, o debate daquela época entre vanguardistas e maoístas. Reeditando "o que fizeram em 1974, quando eram VR", diria Guzmán, "pretendem liquidar o movimento, unindo-se à APRA para "baixar a pressão das águas", enquanto "a simples consecução da terra" desligada de "uma luta pela conquista do poder" era a única coisa que poderia conduzir a "um maior acoplamento ao sistema". O PCP-SL, ao contrário, estava ali para ensinar aos camponeses que "a terra se conquista pelas armas, e com as armas se defende". Nessa "linha", afirmaria Guzmán em 1986, "temos de colocar milhares de camponeses, e que os demais vejam o que fazemos para que eles também o façam".

Em um meio cada vez mais polarizado, o PUM se propunha firmar uma *terceira via* alternativa, aglutinando em torno dela o conjunto da "esquerda legal". A autodefesa armada aparecia como parte central dessa proposta. A resposta senderista não admitiria dúvidas: no início de 1988, esse câncer revisionista que o PUM representava melhor do que ninguém passava a ser "o principal perigo" para a "guerra popular", partindo, consequentemente, para desbaratar as precárias bases pumistas nas áreas do planalto rural. Essa tentativa mariateguista teria pouca repercussão no resto da esquerda. O próprio PUM se dividiria em torno do tema. Depois de quase duas décadas de defesa retórica da luta armada, uma tímida proposta de autodefesa armada ajudava a debandada final da "esquerda legal".

Também inspirado pelos movimentos revolucionários centro-americanos, e com uma decepção similar com o malogro da IU, outro núcleo da "nova esquerda" começaria a recuperar a mística revolucionária dos anos 1960. O objetivo aqui, diferentemente da proposta de "insurgência democrática" do PUM, era formular uma alternativa explicitamente político-militar, na tradição guerrilheirista da revolução cubana. Constituídos no Movimento Revolucionário Túpac Amaru, iniciariam suas ações em 1982, sobre a base de um núcleo proveniente do PSR, surgido, por sua vez, da ala radical do velasquismo. Uma fração do MIR, liderada por Alberto Galvez Olaechea, se uniria a eles posteriormente. Anos depois, em seu testemunho perante a CVR, este último recordaria sua experiência como militante tupacamarista. No contexto de uma democracia controlada pelos velhos partidos políticos, segundo Galvez, por "miristas" com "antecedentes guerrilheiros", o avanço senderista "nos interpelava e nos forçava a definições". Entretanto, diferentemente dos maoístas, os tupacamaristas afirmavam sua intenção de fortalecer "a organização popular independente, respeitando as criações autônomas e as lideranças livremente escolhidas". Por isso, concebiam seu futuro como estando intimamente ligado à IU, suposta representante das organizações populares mais importantes do país. Como diria seu líder, Víctor Polay Campos – ex-militante aprista da geração de Alan García e filho de um "mártir" do PAP –, "nós nos víamos como seu complemento", ou como "sua ala radical" e sua "consciência crítica", segundo

Galvez Olaechea. Embora nunca chegassem a ser seu "braço armado", a realidade era que se nutriam "dos setores radicais da IU, do PUM, de gente que vinha do discurso insurrecional dos anos 1970" e que, como o próprio Galvez Olaechea, não havia conseguido se adaptar à era democrática.

Aspiravam, continuando com o testemunho de Galvez Olaechea, "integrar o nacionalismo e o socialismo em um único processo que, enraizado na história, reivindicando o povo indígena, afirmasse nossa identidade e definisse um projeto de nação". Por isso adotavam o nome do rebelde indígena do final do século XVIII, José Gabriel Condorcanqui – autodenominado com o nome de um inca rebelde do século XVI – e a simbologia escolhidos por seus fundadores. Entretanto, mais que de alguma fonte nativista, o etos da nova organização, o sentimento de se sentir parte integrante do "projeto de revolução continental que recolhíamos de Bolívar e de Che", provinha do seu contato com "homens lendários" da esquerda latino-americana, como Raúl Sendic, Roberto Santucho ou Miguel Enríquez – líderes dos Tupamaros uruguaios, do Partido Revolucionário Argentino e do MIR chileno, todos eles expoentes do insurrecionalismo urbano do Cone Sul. Daí o chamado "Batalhão América" – uma tentativa de força guerrilheira latino-americana impulsionada pelo M-19 colombiano e pelo "Alfaro Vive Carajo" equatoriano – ter funcionado como escola de formação militar para numerosos tupacamaristas peruanos.

Com essa bagagem contraditória, partiram para a ação. Em 1985, depois de alguns anos de ações armadas relativamente modestas, deram uma trégua ao governo de García como "uma demonstração de flexibilidade e disposição para o diálogo", com o objetivo de "encontrar saídas para a nossa pátria e evitar o banho de sangue". Em agosto de 1986, no entanto, estavam novamente na ofensiva. Provinham de uma "generalização da guerra" ativada, fundamentalmente, por um hipotético golpe militar como reação ao possível triunfo eleitoral da IU em 1990. Na preparação para esse cenário conceberam a "frente guerrilheira" – que combinava "trabalho de massas" e ação armada – como modelo de assentamento regional. A Frente Norte-Oriental teria um início fulgurante ao tomar – com a presença de câmeras de TV – a cidade de Juanjuí. Entretanto, o efeito da ação não compensaria os graves erros, políticos e militares, que conduziriam ao desmantelamento de suas "frentes": a morte do líder da etnia amazônica ashaninka, Alejandro Calderón, ou a destruição de seu acampamento na província de Oxapampa, no departamento de Pasco. Ter entregado Máximo Velando, dirigente do MIR, às forças repressivas em 1965 foi a justificativa para eliminar Calderón, ação que provocaria uma violenta reação dos ashaninkas contra o MRTA, obrigando-os a se retirar de uma zona fundamental para sua estratégia de assentamento na região central. Por outro lado, uma patrulha do Exército em Oxapampa os surpreendeu em plena realização de uma escola de formação político-militar: 48 emerretistas e um soldado morreriam em um enfrentamento desigual. Um golpe mais contundente ainda seria aquele recebido na localidade de Los Molinos, na serra central, no final de abril de 1989. Depois de meses de preparação, as forças emerretistas receberam a ordem de iniciar uma campanha intitulada "Com o Amauta vamos lutar até vencer", que incluía uma ação audaciosa: a tomada da cidade de Tarma, um dos mais importantes centros povoados da região. Estavam a caminho do seu objetivo quando se encontraram com o Exército. O MRTA perderia 58 efetivos naquela jornada. Tanto no Norte como no Sul, o assentamento emerretista se veria prematuramente frustrado.

As eleições de 1990, no entanto, chegaram e passaram sem gerar a crise generalizada prevista por Polay e pelos seus. A população desconsiderou o apelo do MRTA para votar nulo, elegendo um *outsider* que, finalmente, desempenharia um papel fundamental na derrota da subversão armada: Alberto Fujimori. Desse processo – em que a direita conseguiu se situar como a segunda força eleitoral –, o desmoronamento da IU foi outra das mudanças importantes. Sua implosão largamente anunciada significou, como declararia Galvez Olaechea, "o início do nosso próprio isolamento, pois nosso destino estava indissoluvelmente ligado ao da IU". A tendência do núcleo de Victor Polay para privilegiar as ações de efeito em vez do trabalho político a médio prazo seria, segundo esse dirigente, a raiz do desastre. Prevalecia nessa época um ambiente de desânimo e ofuscação estimulado por fatores como o desprestígio dos partidos políticos, o desconforto com a violência e o desejo de ordem diante do desconcerto provocado pela crise econômica e pela hiperinflação. Enquanto no âmbito internacional, de outro lado – desde a derrota sandinista até a dissolução da União Soviética –, se apagavam os últimos vestígios de uma era revolucionária no âmbito local. Aliadas com setores do campesinato, as Forças Armadas impunham condições na luta contra a subversão.

Nesse contexto, o problema fundamental do MRTA era como terminar uma guerra impossível de vencer. Complicado pela detenção de seus principais líderes – entre eles Polay e Galvez Olaechea –, o processo estaria cercado de sombras eventualmente interrompidas por alguma ação espetacular que lhes devolveria, de forma fugaz, as primeiras páginas da imprensa nacional: por exemplo, a fuga, em julho de 1990, de 47 emerretistas através de um túnel de 332 metros de comprimento concluído após três anos de trabalho. A fuga permitiria a primeira reunião do Comitê Central emerretista em dois anos de combate. O que ficou claro do debate aí realizado foi que, além do consenso em torno da necessidade de buscar uma saída política, prevaleciam os desacordos. A recaptura dos principais dirigentes dificultaria mais ainda definir um rumo coerente. Em 1991, os antigos "miristas" abandonaram a organização. Pressionado pelo SL e pelos militares, com seu rumo político perdido, o MRTA terminaria sendo uma força do tipo militarista que definia desacordos internos através de "ajustes de contas" e que recorreria ao sequestro para angariar recursos. Nesse contexto, a lei do arrependimento, promulgada em 1992, outorgando benefícios àqueles que proporcionassem "informações eficazes" que permitissem a desarticulação de uma organização terrorista ou criminosa – teria efeitos letais sobre a organização. A tomada da residência do embaixador do Japão no final de 1996 seria apenas a reiteração do estilo emerretista de golpes de grande visibilidade combinados com uma igualmente grande orfandade estratégica. Como em outras oportunidades, aquela ação os colocou nas páginas da imprensa internacional, terminando depois em um verdadeiro desastre político e humano, com a organização praticamente destruída e a aniquilação de todos os militantes comprometidos nessa ação. Ao PUM, enquanto isso, sua tentativa agrarista em Puno acarretaria uma divisão interna que seria a antessala de sua pulverização. Em meados dos anos 1990, ele praticamente havia deixado de existir.

O final do Sendero

"Está claro", declararia o líder senderista em 1991, "que estamos nos desenvolvendo na Serra do país", na área que havia sido "historicamente" o "eixo vertebrado" do país; ali onde, "quando os incas, como na guerra com o Chile, foram a parte que mais se defendeu, as forças podem se retirar diante de um ataque estrangeiro". Em outras palavras, o "novo poder" prevalecia através do "verdadeiro Peru". Sobre essa base, o PCP-SL podia reivindicar ter alcançado uma situação de "equilíbrio estratégico", estabelecendo-se a partir daí a delicada questão da "transferência do centro dos trabalhos do campo para a cidade", com a perspectiva de estabelecer a República Popular do Peru. Possibilidade real ou alucinação? As bases de apoio rural estabelecidas ao longo de uma década de luta estavam em condições de gerar esse "mar de massas armadas" necessário para proceder à tomada do poder? O "verdadeiro Peru" serrano continuava sendo, nos tempos da "explosão" popular, o eixo da nação? Anos depois ficaria claro, como relatou a CVR, que a decisão de "alcançar o equilíbrio estratégico" havia sido tomada justamente quando o SL retrocedia nos espaços rurais do país. Que a ideia de empreender o "cerco das cidades" não era senão uma "fuga para frente"; uma saída apressada diante da contundente realidade da rebelião contra o "novo poder" protagonizada por grupos de camponeses em diversos pontos do "verdadeiro Peru". Por trás da fria fórmula "restabelecimento-contrarrestabelecimento" se ocultava um atroz contraponto de barbaridades.

Semeada em algumas das zonas rurais mais pobres da América Latina, a semente senderista havia produzido uma breve temporada luminosa baseada na cautelosa simpatia dos camponeses para com os jovens "companheiros" que limpavam os povoados de gatunos e violadores ou que castigavam as autoridades corruptas e abusivas. Entretanto, logo o céu se nublou, e se impôs o tempo do medo. Diversos estudos situam entre o final de 1982 e 1983 o ponto de ruptura. Ou seja, o momento em que setores da população reagiram contra as imposições dos revolucionários, contra as restrições à mobilidade e o modelo de uma autonomia autárquica, mas, sobretudo, contra o recrutamento obrigatório de crianças e jovens. As mortes produzidas pela ordem de "destruir" o campo detonaram a reação. Nas mãos de militantes cada vez mais inexperientes – dada a dinâmica de expansão de uma guerra com altos custos humanos –, a identificação dos "inimigos do povo" converteu-se em um macabro exercício de "aniquilamento seletivo", que reacendeu velhas rivalidades e terminou polarizando a sociedade rural. Assim, a luta em torno do "novo poder" – como declararia o informe da CVR – começou a se misturar com "interesses pessoais ou familiares", gerando uma mistura explosiva.

A entrada das Forças Armadas no combate seria o elemento culminante nessa surpreendida descida ao inferno. A sua presença impossibilitava a neutralidade; milhares ficaram confinados "entre dois fogos"; populações inteiras optaram por abandonar seus povoados para se refugiarem nas montanhas. Para os que não conseguiram fazê-lo, restava escolher em que lado queriam morrer. Enfrentar o Sendero era outra opção. Assim, de maneira espontânea e sem coordenação, começaram a aparecer grupos de "vigilantes" camponeses que a população denominaria de *montoneros*. Seria o início de um dos desdobramentos fundamentais do conflito: uma contrarrevolução camponesa que culminaria com a formação dos Comitês de Autodefesa Camponesa, aliados fundamentais das Forças

Armadas na recuperação da ordem estabelecida do lendário "verdadeiro Peru". A história do povoado ayacuchano Santiago de Lucanamarca emerge como um caso paradigmático daquela sangrenta luta que Guzmán denominaria de "restabelecimento--contrarrestabelecimento".

A guerra chegou à remota Lucanamarca em outubro de 1982, sob a forma de uma coluna armada cuja pregação – favorecida por contatos prévios através de estudantes do local radicados na capital do departamento – encontrou acolhida entre os camponeses mais jovens. Com pouca oposição, "o partido" começou a impor suas regras. Os testemunhos referem imagens de um povoado "senderizado", em que as marchas e os vivas a Abimael Guzmán, assim como as assembleias dedicadas à discussão dos avanços da "guerra popular", eram acontecimentos cotidianos. Entretanto, um grupo de descontentes começou a planejar a recuperação do povoado. Para isso decidiram aproveitar a festa de carnaval. Conseguiram primeiro a autorização do Comitê Popular para sua realização, assegurando que dela participassem os comandos senderistas, aos quais atacaram em meio à celebração, matando alguns e capturando outros. Ao mesmo tempo, uma comissão de camponeses se dirigiu à base de militar de Huancapi para pedir apoio. O "restabelecimento" militar ficava assim delineado. Alguns meses depois, no entanto, viria o "contrarrestabelecimento", quando a direção do partido ordenou uma operação de punição aos lucanamarquinos. Nessa operação, 69 pessoas – incluindo vinte crianças – seriam assassinadas a machadadas. Como reconheceria anos depois o próprio Guzmán, na única "entrevista" que concedeu durante o transcurso da "guerra popular", "diante do uso de mercenários e da ação militar reacionária, respondemos com uma ação: Lunamarca", que "nem eles nem nós esquecemos", porque "ali veio uma resposta que ninguém imaginava, ali foram aniquilados mais de oitenta – isso é real –, e foi a própria Direção Geral que planejou a ação e dispôs as coisas".

Esses inesperados protagonistas do conflito, os comitês de autodefesa camponesa, entrariam no discurso senderista como "mercenários", "bucha de canhão" ou "cabeças negras" – e outras expressões de desprezo que visavam desumanizar tais "massas atrasadas". À sua generalização o SL responderia levando o "contrarrestabelecimento" um passo à frente, rumo a uma política, segundo a CVR, de "militarização da sociedade". No cumprimento daquele plano, as crianças e os jovens com maiores aptidões eram transferidos para outras localidades para servir à "força principal" da região – ou seja, à coluna armada; enquanto outros permaneciam em seu lugar de origem como membros da rudimentarmente armada "força local". O resto era a "massa", setor que, em casos extremos, seria reduzido a uma condição próxima da escravidão. Disso são casos paradigmáticos a localidade de Oreja de Perro ou o Comitê Popular "Sello de Oro", ambos no departamento de Ayacucho. Ali, por ordem da direção do partido, os comandos locais ordenaram "retiradas" da "massa" para zonas inexpugnáveis, longe do alcance do Exército e de seus mercenários. Nessas condições, segundo a CVR, "o controle e a coação" exercidos pelo PCP-SL "superaram o humanamente permissível".

A força do SL estava na capacidade de dar um manejo centralizado a esses múltiplos cenários regionais e locais, em sua capacidade de desenvolver uma "guerra camponesa" com perspectiva de poder. Anos depois se revelaria o mecanismo interno que havia permitido esse tipo de organização, de consequências sociais tão letais. A criação de um Comitê Permanente em abril de 1986, como instância máxima de direção, "colocou toda a capacidade de decisão partidária", segundo a CVR, nas mãos de Guzmán e Augusta La Torre, sua esposa, e Elena Iparraguirre, sua companheira depois que a primeira faleceu. Era, na verdade, a formalização de um verdadeiro endeusamento de Abimael Guzmán, em um processo de "culto à personalidade" – comum a outras experiências comunistas – iniciado com a guerra. Como Mao, Guzmán reunia em suas mãos a presidência do Comitê Central, da Comissão Nacional Militar e da Comissão organizadora a República da Nova Democracia. Por isso, o "Presidente Gonzalo" era a "quarta espada do marxismo", o "maior marxista vivo do mundo". Nessas condições, era impossível que sua opinião não se impusesse na "luta entre duas linhas" da qual deveria sair a "linha correta" proletária nos debates partidários. Essas confrontações internas culminavam com o "esfaqueamento" ideológico de "liquidadores" e "aventureiros" e, em muitos casos, com a humilhação pública daqueles que haviam se atrevido a ir contra a "Chefia". Desde 1983, suas ideias constituíam, oficialmente, o "pensamento guia" do PCP-SL. E, no primeiro congresso partidário de 1988, Guzmán não só seria reconhecido como "Chefe indiscutível", mas suas ideias – o "pensamento Gonzalo" – passariam a fazer parte, além dos clássicos, da base ideológica partidária.

Ao longo de uma década, de seu esconderijo em Lima, Guzmán articulou o "incêndio da pradaria", mantendo em xeque dois governos representativos dos maiores partidos políticos do país. No entanto, 1990 surgia como o momento crucial. Não só a "ofensiva da revolução mundial", na qual o "Presidente Gonzalo" havia apostado como contexto propício para sua rebelião, havia resultado um fiasco, mas, no nível local, seu oponente fardado havia começado a realizar uma eficaz campanha político-militar direcionada a obter o apoio da população, fazendo também um uso eficiente dos mecanismos repressivos e dos recursos da inteligência. Além disso, logo depois uma virada inesperada na política nacional abriria as portas a um esquema de governo cívico-militar, cristalizado com o golpe de Alberto Fujimori em 5 de abril de 1992, que tornaria mais ativa – e em muitos casos mais sanguinária – a luta contrainsurgente. A esse cenário repleto de dúvidas e perigos, Guzmán responderia com sua "fuga para a frente", que significava o chamado "equilíbrio estratégico".

Na verdade, em 1991, Lima parecia uma cidade sitiada. Entre abril de 1989 e dezembro de 1992, 47% dos ataques e atentados senderistas haviam ocorrido na Capital: 907 ações. Em zonas fabris e povoados periféricos, a presença senderista se acentuava. Em Villa El Salvador – extenso bairro popular ao sul da Capital –, uma árdua disputa com a "esquerda legal" culminaria, em fevereiro de 1992, com um incidente bastante simbólico: o assassinato de María Elena Moyano, conhecida dirigente popular, fato que provocou uma forte reação antissenderista na população urbana. O objetivo, diria posteriormente Guzmán, havia sido criar uma situação de falência estatal e ingovernabilidade capaz de propiciar uma intervenção imperialista no Peru. Em outras palavras, recriar o contexto chinês dos anos 1930, em que o Partido Comunista cresceu como espuma combatendo o invasor estrangeiro, convertendo sua luta de classe em luta nacional. Seria possível para um contingente de cerca de 2.600 militantes, com uma "força principal" de cerca de 1.450 efetivos e uma "força local" de 4.500 equipados com armas artesanais, realizar essa tarefa?

A verdade era que, no campo, o novo ciclo de exigências gerado pelo deslocamento para o "equilíbrio estratégico" desencadearia uma multiplicação de "*montoneras*" e "rondas camponesas". Nessa ocasião, encontrariam um Estado disposto a respaldá-las, mediante, inclusive, a entrega de algum armamento básico. Com isso, o mapa serrano se encheu de Comitês de Autodefesa. A seu respeito, o informe da CVR diria o seguinte: "Em nenhum outro ator da guerra a linha divisória entre perpetrador e vítima, entre herói e vilão, é tão fina e tão porosa". Sua irrupção geraria novos "rios de sangue". A reconquista do espaço rural, particularmente o serrano, por parte dessa força militar-camponesa deixava a rebelião como que suspensa no ar. A repressão pôde então se concentrar na perseguição do aparelho do comando. As capturas foram crescendo em importância entre 1990 e 1991. Finalmente, em 12 de setembro de 1992, o falido "Presidente Gonzalo" caiu nas mãos da polícia. Seu esconderijo se encontrava a algumas quadras do quartel-general do Exército. Havia passado ali toda a "guerra popular", cercado de livros e documentos partidários, resguardado por um círculo íntimo majoritariamente feminino, afastado por certo do mítico "verdadeiro Peru" ao qual seus escritos se referiam. Nessa ocasião prevalecia no país uma ânsia transbordante de ordem e paz, da qual Fujimori aparecia como a mais confiável garantia. Cinco meses antes, ele havia liderado um golpe que marcou o deslizamento do seu regime para a autocracia. A captura de Guzmán, embora derivada de um minucioso trabalho de inteligência policial que precedia muito tal medida, parecia lhe dar razão. Seja como for, o aparato político fujimorista – encabeçado por seu "assessor de inteligência", Vladimiro Montesinos – se encarregaria de converter essa apreciação em verdade oficial.

Epílogo: mito e realidade do "verdadeiro Peru"

Em vez de aplacar as tensões rurais possibilitando uma transição ordenada para um Peru pós-oligárquico, o Estado velasquista terminaria fomentando, com sua reforma truncada e sua empolada retórica agrarista, uma reativação do radicalismo. À *longa marcha* estatal responderiam a "nova esquerda" e o senderismo maoísta com suas próprias versões de *longa marcha* rumo ao "verdadeiro Peru". A primeira partiria do centro do sistema político, em um processo que, por não ter mediado a polarização dos anos 1980, teria talvez culminado em sua transformação – similar àquela de outros casos latino-americanos – em uma esquerda moderada plenamente integrada ao sistema democrático. Do interior serrano, a segunda indicava se instalar nos bolsões de "semifeudalismo" e de "pobreza crítica" deixados pelo processo desigual da "transformação estrutural" velasquista. Nos dois casos, o encontro com o "verdadeiro Peru" implicaria um duro choque com a realidade. Pouco a pouco, enquanto as "tomadas de terra" dos vanguardistas da nova esquerda serviam para facilitar a incorporação da população rural ao sistema político, as estratégias de "varrer o campo" ou "conquistar bases de apoio" abriam uma caixa de Pandora incontrolável, liberando forças que terminariam deglutindo a própria "guerra popular". Concluída a fase mais crítica da explosão popular, com as Forças Armadas ocupando os confins andinos e amazônicos, e o Estado peruano tomando a iniciativa, terminava o ciclo radical e, com isso, não só o senderismo, mas também a "nova esquerda" pareciam passar, simples e discretamente, ao desvão da história peruana, deixando atrás de si um oneroso rastro de mortos e de oportunidades perdidas.

Em Los Molinos, Oreja de Perro ou Lucanamarca terminava a mítica *longa marcha* vislumbrada pela *intelligentzia* contestadora peruana do final do século XIX e início do século XX. Durante quase um século, essa *marcha* foi a referência de uma esquerda radical cuja identidade medular provinha da convicção de que somente impondo uma ruptura com o passado colonial e pós-colonial seria possível culminar a construção de uma verdadeira nação em substituição àquela nascida em 1821. No início do século XXI, em meio a um notável *boom* econômico, outra *longa marcha* parecia estar em curso no Peru: a da conquista econômica dos confins andinos para a fervilhante economia de mercado impulsionada pela prosperidade mineira, confirmando assim a sentença do sociólogo Barrington Moore, Jr., de que "os processos de modernização começam com revoluções camponesas fracassadas".

Nos anos 1960, dentre os países latino-americanos de forte tradição indígena – México, Guatemala e Bolívia – o Peru era, juntamente com o Equador, o único que não havia passado por um processo "revolucionário" de integração camponesa ao "país oficial". No Equador, o levantamento do Inti Raymi, de 1990, seria o ponto de partida de uma era distintiva de participação indígena na vida política da nação. No Peru, esse processo se prolongaria através de mais de três décadas intensas e dramáticas, em que as "ficções orientadoras" das gerações anteriores recobrariam uma inesperada vigência. O que teve início nos inflamados discursos de González Prada ou nas mais fluentes páginas de Mariátegui como o anúncio de uma pátria integrada, leal à sua identidade histórica profunda, terminaria sendo uma tragédia de proporções cujas vítimas, como demonstrou o informe da CVR, provinham, esmagadoramente, do setor andino de língua quéchua. Com números na mão, diversos investigadores ilustram hoje a "desindianização" do país. A percentagem de população de origem quéchua, aimará e selvática situa-se em pouco menos de 25%, chegando a quase 70% aqueles autoidentificados como mestiços. Entretanto, nos dois últimos processos eleitorais, elementos da velha dualidade sociocultural voltaram a mostrar seu influxo, vinculados a um projeto de abertura à economia global, no caso do presidente Toledo – autointitulado o primeiro presidente indígena na história do país –, e como parte de uma proposta nacionalista de tons neoindigenistas no caso de Ollanta Humala, derrotado por estreita margem por Alan García Pérez em 2006. Seja como for, os votos para este último, concentrados nas zonas central e sul andinas, sugerem a persistência daqueles depósitos de desconfiança e ressentimento cuja ignição em 1980 tingiu de sangue a serra andina. O tempo dirá se essa situação voltará a animar novos despertares radicais no Peru.

Bibliografia

AQUÉZOLO, M. *La polémica del indigenismo*. Prólogo e notas de Luis A. Sánchez. 2.ed. Lima: Mosca Azul Editores, 1987.

ARCE BORJA, L. (ed.). *Guerra popular en el Perú (Pensamiento Gonzalo)*. Bruxelas, 1989.

ARICÓ, J. *Mariátegui y los orígenes del marxismo latinoamericano*, Seleção e Prólogo de José Aricó. México: Siglo XXI Editores, 1978.

ARROYO, C. *Nuestros años diez: la Asociación Pro-Indígena, el levantamiento de Rumi Maqui y el incaísmo modernista*. Buenos Aires: LibrosEnRed, 2005.

BÉJAR, H. *Las guerrillas de 1965: balance y perspectiva*. Lima: Ediciones PEISA, 1973.

BERMÚDEZ, J.; CASTELLI, L. "Treinta años del Che (entrevista a Ricardo Napurí)". *Revista Herramienta*, n. 4. Disponível em: http://www.inisoc.org/che.htm.

BLANCO, H. *Tierra o muerte. Las luchas campesinas en el Perú*. 3. ed. México: Siglo XXI Editores, 1979.

BLANCHARD, P. *The origins of the peruvian labor movement*. Pittsburgh: University of Pittsburgh Press, 1982.

CHANG RODRÍGUEZ, E. *La literatura política de González Prada, Mariátegui y Haya de la Torre*. México: Ediciones de Andrea, 1957.

BUSTAMANTE y RIVERO, José Luis. *Mensaje al Perú*. Lima, 1960.

CORDERO GUEVARA, H. *Del APRA al APRA rebelde*. Lima: 1980 (Documentos para la Historia de la Revolución Peruana).

COTLER, J. *Clases, Estado y Nación en el Perú*. Lima: Instituto de Estudios Peruanos, 1978.

CRISTÓBAL, J. *Disciplina Compañeros!* Lima: Ediciones Debate Socialista, 1985.

DE LA CADENA, M. "De raza a clase: la insurgência intelectual provinciana en el Perú (1910-1970)". In: STERN, Steve J. (ed.). *Los senderos insólitos del Perú*. Lima: Instituto de Estudios Peruanos, 1999, p. 39-72.

DE LA PUENTE UCEDA, L. *La reforma del agro peruano*. Lima: Ediciones Ensayos Sociales, 1966.

_____. *Obras de Luis de la Puente Uceda*. Lima: Voz Rebelde Ediciones, 1980.

DELGADO OLIVERA, C. *Testimonio de lucha*. Lima: Ediciones PEISA, 1973.

DEGREGORI, C. I. *Ayacucho: raíces de una crisis*. Ayacucho: Instituto de Estudios Regionales José María Arguedas, 1986.

_____. *El surgimiento de Sendero Luminoso: Ayacucho, 1969-1979*. Lima: Instituto de Estudios Peruanos, 1996.

DEGREGORI, C. I. et al. *Las rondas campesinas y la derrota de Sendero Luminoso*. Lima: Instituto de Estudios Peruanos, 1996.

FLORES GALINDO, A. *La agonia de Mariátegui*. Lima: DESCO, 1980.

GALVEZ OLAECHEA, A. *Informe para la Comisión Nacional de la Verdad y Reconciliación Nacional*. Cajamarca: abril de 2003.

GARCÍA CALDERÓN, F. *El Perú contemporâneo*. Lima: Fondo Editorial del Congreso del Perú, 2001.

GILLY, Adolfo. *La senda de la guerrilla*. México: Editorial Nueva Imagen, 1986.

GONZÁLEZ, O. *Sanchos fracasados: los arielistas y el pensamiento político peruano*. Lima: Ediciones PREAL, 1996.

_____. *Señales sin respuesta. Los zorros y el pensamiento socialista em el Perú, 1968-1989*. Lima: 1999.

_____. *Horas de lucha*. Lima: PEISA, 1969.

GORRITI, G. *Sendero. Historia de la guerra milenaria en el Perú*. Lima: Editorial Apoyo, 1990.

HAYA DE LA TORRE, Víctor Raúl. *Obras completas*. 7 vols. Lima: Editorial Juan Mejía Baça, 1984.

KLAIBER, J. L. "The popular universities and the origins of aprismo, 1921--1924". *Hispanic American Historical Review*, 55(4): 693-715, nov., 1975.

KLAREN, Peter F. *Nación y sociedad en la historia del Perú*. Lima: Instituto de Estudios Peruanos, 2004.

KRUIJT, D. *La revolución por decreto*. Lima: Mosca Azul Editores, 1989.

LEIBNER, G. *El mito del socialismo indígena de Mariátegui.* Lima: PUC Fondo Editorial, 1999.

LÓPEZ LENCI, Y. *El Cusco, paqarina moderna: cartografía de uma modernidad e identidades em los Andes peruanos (1900-1935).* Lima: UNMSM, Fondo Editorial, Concytec, 2004.

MANRIQUE, N. *Yawar Mayu: sociedades terratenientes serranas 1879--1910.* Lima: Instituto Francês de Estúdios Andinos/DESCO, 1988.

MARIÁTEGUI, J. C. *Mariátegui Total.* Lima: Empresa Editora Amauta, 1994.

MARTINEZ, M. *Entre el amor y la furia.* Lima: Sur, 1997.

MATOS MAR, J. *Desborde popular y crisis del Estado Veinte años después.* Lima: Fondo Editorial del Congreso de la República, 2004.

NEIRA, H. *Hacia la tercera mitad. Perú XVI-XX. Ensayos de lectura herética.* 2. ed. Lima: SIDEA, 1997.

PAKKASVIRTA, J. "Víctor Raúl Haya de la Torre em Centroamérica. ¿La primeira y última fase del aprismo internacional?" Disponível em: http://www.helsinki.fi/hum/ibero/ xaman/articulos/2000_05/pakkasvirta.html.

PERÚ, Comisión de la Verdad y Reconciliación. *Informe final.* Lima: 2003. Disponível em: www. cverdad.org.pe.

PIKE, F. B. *The politics of the miraculous in Peru: Haya de la Torre and the spiritualist tradition.* Lincoln: University of Nebraska Press, 1986.

PLANAS, P. *Los orígenes del APRA: el joven Haya.* 2. ed. Lima: Okura Editores, 1986.

_____. *El 900. Balance y recuperación*, Lima: CITDEC, 1994.

PRADA, González M. *Pájinas libres.* Lima: Libreria Studium, 1987.

QUINTANILLA, L. *Andahuaylas, la lucha por la tierra (testimonio de um militante).* Lima: Mosca Azul Editores, 1981.

RAJ, D.; ECKSTEIN, H. "Insurgency. the transformation of peasant rebellion". *World Politics*, v. XLII, n. 4, julho de 1990, p.441-465.

RÉNIQUE, J. L. *Los sueños de la sierra.* Lima: CEPES, 1991.

_____. *La voluntad encarcelada: las luminosas trincheras de combate de Sendero Luminoso del Perú.* Lima: Instituto de Estudios Peruanos, 2003.

_____. *La Batalla por Puno: Conflicto agrario y nación en los Andes peruanos*, Lima: Instituto de Estudios Peruanos, 2004.

_____. "De la 'traición aprista' al 'gesto heroico': Luis de la Puente Uceda y la guerrilla del MIR". *Estudios Interdisciplinarios de América Latina y el Caribe*, (Tel-Aviv, Israel), abril de 2004.

SÁNCHEZ, L. A. *Nuestras vidas son los ríos: historia y leyenda de los González Prada*. Lima: Universidad Nacional Mayor de San Marcos, Dirección Universitaria de Biblioteca y Publicaciones, 1977.

_____. *Haya de la Torre, o el político. Crónica de una vida sin tregua*. 3. ed. Lima: Enrique Delgado Valenzuela, 1979.

SANDERS, K. *Nación y tradición. Cinco discursos en torno a la nación peruana, 1885-1930*. Lima: Pontificia Universidad Católica/Fondo de Cultura Económica, 1997.

SHUMWAY, N. *La invención de la Argentina*. Buenos Aires: Ediciones Emecé, 1993.

SOTO RIVERA, R. *Víctor Raúl. El hombre del siglo XXI*, 3 vols. Lima: Instituto Víctor Raúl Haya de la Torre, 2002.

STEIN, S. *Populism in Peru: The emergence of the masses and the politics of social control*. Madison: University of Wisconsin Press, 1980.

STERN, S. J. (ed.). *Los senderos insólitos del Perú. Guerra y sociedad, 1980-1995*. Lima: Instituto de Estudios Peruanos-Universidad Nacional San Cristóbal de Huamanga, 1999.

TERÁN, O. *Discutir Mariátegui*. Puebla: Editorial Autónoma de Puebla, 1985.

VÁLCARCEL, L. E. *Tempestad en los Andes*. Lima: Biblioteca Amauta, 1927.

_____. *Memorias*. Lima: Instituto de Estudios Peruanos, 1981.

Coleção Revoluções do Século XX
Direção de Emilia Viotti da Costa

A Revolução Alemã [1918-1923] – Isabel Loureiro

A Revolução Boliviana – Everaldo de Oliveira Andrade

A Revolução Chinesa – Wladimir Pomar (org.)

A Revolução Cubana – Luis Fernando Ayerbe

A Revolução Guatemalteca – Greg Grandin

A Revolução Iraniana – Osvaldo Coggiola

As Revoluções Russas e o Socialismo Soviético – Daniel Aarão Reis Filho (org.)

A Revolução Nicaraguense – Matilde Zimmermann

A Revolução Salvadorenha – Tommie Sue-Montgomery e Christine Wade

A Revolução Venezuelana – Gilberto Maringoni

A Revolução Vietnamita – Paulo Fagundes Visentini

SOBRE O LIVRO

Formato: 10,5 x 19 cm
Mancha: 18,8 x 42,5 paicas
Tipologia: Minion 10,5/12,9
Papel: Off-white 80 g/m^2 (miolo)
Cartão Supremo 250 g/m^2 (capa)
1ª edição: 2009
5ª reimpressão: 2023

EQUIPE DE REALIZAÇÃO

Edição de texto
Jonathan Busato (Copidesque)
Guilherme Laurito Summa (Revisão)

Editoração eletrônica
Eduardo Seiji Seki (Diagramação)